# 국어왕 고사성어

## 따라 쓰기

고사성어를 따라 쓰면 한자 뜻 유추가 저절로!

# 국어왕 고사성어 따라 쓰기

**펴낸날** 2014년 6월 24일 초판 1쇄, 2022년 9월 21일 초판 5쇄
**펴낸이** 김상수 | **기획·편집** 이성령, 권정화, 전다은 | **디자인** 문정선, 조은영 | **영업·마케팅** 황형석, 임혜은
**펴낸곳** 루크하우스 | **주소** 서울시 서초구 사임당로 50 해양빌딩 504호 | **전화** 02)468-5057 | **팩스** 02)468-5051
**출판등록** 2010년 12월 15일 제2010-59호
www.lukhouse.com  cafe.naver.com/lukhouse

ISBN 979-11-5568-427-6 63710

※ 잘못된 책은 구입처에서 바꾸어 드립니다.
※ 값은 뒤표지에 있습니다.

상상의집은 (주)루크하우스의 아동출판 브랜드입니다.

고사성어를 따라 쓰면 한자 뜻 유추가 저절로!

# 국어왕 고사성어

## 따라 쓰기

상상의집

# 차례

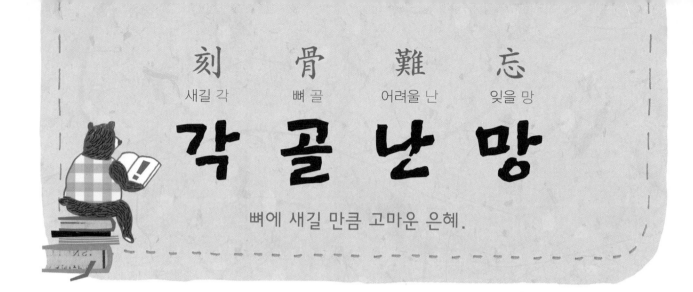

刻 骨 難 忘
새길 각 　 뼈 골 　 어려울 난 　 잊을 망

# 각 골 난 망

뼈에 새길 만큼 고마운 은혜.

 **한자의 뜻과 음을 생각하며 따라 써 보세요.**

| 刻<br>새길 각 | ' 一 亡 亍 亥 亥 亥 刻 刻 |
| --- | --- |
| | 刻 |

| 骨<br>뼈 골 | 丨 冂 冎 冎 冎 丹 骨 骨 骨 |
| --- | --- |
| | 骨 |

| 難<br>어려울 난 | 一 十 廿 廿 芦 甘 苔 苗 苗 薁 薁 薁 薁 薁 難 難 難 難 |
| --- | --- |
| | 難 |

| 忘<br>잊을 망 | ' 亠 亡 亡 忘 忘 忘 |
| --- | --- |
| | 忘 |

각골난망은 뼈에 새겨져 잊기가 어렵다는 뜻입니다. 남에게 입은 은혜가 고마워 잊히지 않을 때 씁니다. 각골난망과 비슷한 뜻의 한자성어에는 백골난망(白骨難忘), 결초보은(結草報恩)이 있어요. 결초보은은 풀을 묶어서 은혜를 갚는다는 뜻으로 은혜를 입은 망혼이 은혜를 갚기 위해 적을 풀에 걸어 넘어뜨렸다는 이야기에서 유래해요.

**고사성어의 뜻을 생각하며 따라 써 보세요.**

| 각 | 골 | 난 | 망 | 刻 | 骨 | 難 | 忘 |
|---|---|---|---|---|---|---|---|
|  |  |  |  |  |  |  |  |

뼈에 새길 만큼 고마운 은혜.

**뼈 골(骨), 잊을 망(忘)이 들어가는 어휘와 고사성어를 따라 써 보세요.**

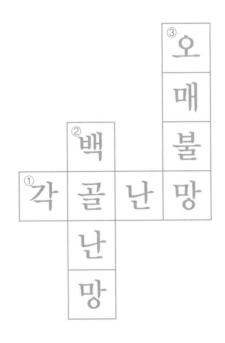

❯ 가 로
①각골난망: **뼈에 새길 만큼 고마운 은혜.**

❯ 세 로
②백골난망: **죽어 백골이 되어도 잊을 수 없는 큰 은혜.**
③오매불망: **자나 깨나 잊지 못하다.**

**위의 퍼즐을 참고하여 빈칸에 어울리는 어휘와 고사성어를 써 넣으세요.**

예문 1  뼈에 새길 만큼 고마운 은혜를 □□□□ 이라고 해.

예문 2  죽어 □□ 이 되어도 잊혀지지 않는 은혜는 □□□□ 이야.

예문 3  나는 고향에 있는 가족을 □□□□ 그리워했어.

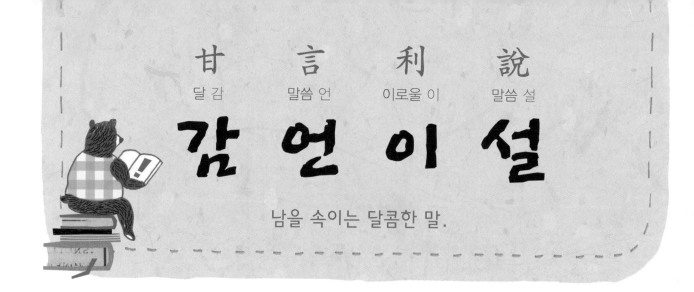

甘 言 利 說

달 감　　　말씀 언　　　이로울 이　　　말씀 설

# 감 언 이 설

남을 속이는 달콤한 말.

 **한자의 뜻과 음을 생각하며 따라 써 보세요.**

| 甘 | 一 十 卄 卄 甘 |
|---|---|
| 달 감 | 甘 |

| 言 | 一 二 三 言 言 言 言 |
|---|---|
| 말씀 언 | 言 |

| 利 | 一 二 千 千 禾 利 利 |
|---|---|
| 이로울 이 | 利 |

| 說 | 一 二 三 言 言 言 言 言 訂 訊 訊 訊 說 說 |
|---|---|
| 말씀 설 | 說 |

> 감언이설은 달콤한 말과 이로운 이야기라는 뜻으로 남의 비위에 맞도록 꾸민 달콤한 말과
> 이로운 조건을 내세워 남을 꾀하는 말을 뜻합니다. '감언이설에 속다', '감언이설에 넘어가
> 다', '감언이설로 꾀다' 등으로 활용됩니다.

**고사성어의 뜻을 생각하며 따라 써 보세요.**

| 감 | 언 | 이 | 설 | 甘 | 言 | 利 | 說 |
|---|---|---|---|---|---|---|---|
| | | | | | | | |

남을 속이는 달콤한 말.

**말씀 언(言)과 말씀 설(說)이 들어가는 어휘와 고사성어를 따라 써 보세요.**

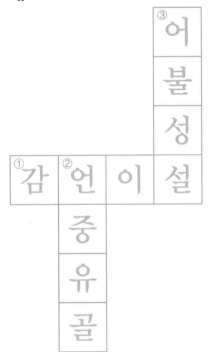

> **가 로**
> ①감언이설: 남을 속이는 달콤한 말.

> **세 로**
> ②언중유골: 말 속에 뼈가 있다.
> ③어불성설: 말이 이치에 맞지 않다.

**위의 퍼즐을 참고하여 빈칸에 어울리는 어휘와 고사성어를 써 넣으세요.**

예문1 나는 게임기를 준다는 친구의 ☐☐☐☐ 에 속아 친구에게 시험 답안을 보여 주었다.

예문2 그 말은 ☐☐☐☐ 이라 도대체 논리에 맞지 않아.

예문3 ☐☐☐☐ 이라더니 말에 가시가 있는 듯하군.

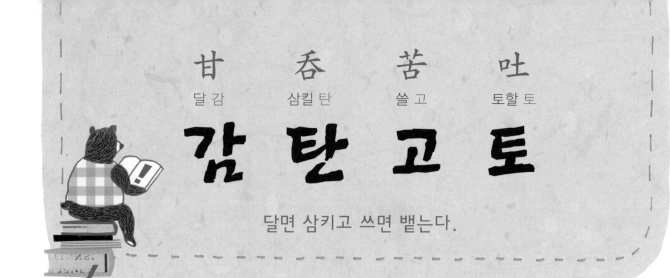

甘　呑　苦　吐
달 감　삼킬 탄　쓸 고　토할 토

# 감 탄 고 토

달면 삼키고 쓰면 뱉는다.

 **한자의 뜻과 음을 생각하며 따라 써 보세요.**

| 甘<br>달 감 | 一 十 卄 廿 甘 |  |  |  |  |  |
| :---: | :---: | :---: | :---: | :---: | :---: | :---: |
| | 甘 | | | | | |

| 呑<br>삼킬 탄 | 一 二 チ 天 禾 呑 呑 |  |  |  |  |  |
| :---: | :---: | :---: | :---: | :---: | :---: | :---: |
| | 呑 | | | | | |

| 苦<br>쓸 고 | 一 十 卄 艹 莒 芏 苦 苦 |  |  |  |  |  |
| :---: | :---: | :---: | :---: | :---: | :---: | :---: |
| | 苦 | | | | | |

| 吐<br>토할 토 | 丨 口 口 叮 吐 吐 |  |  |  |  |  |
| :---: | :---: | :---: | :---: | :---: | :---: | :---: |
| | 吐 | | | | | |

달면 삼키고 쓰면 뱉는다는 뜻으로, 옳고 그름을 떠나 자기 비위에 맞으면 좋아하고 싫으면 버린다는 뜻입니다. 감탄고토와 비슷한 한자성어에는 토사구팽(兎死狗烹)이 있어요. 사냥하러 가서 토끼를 잡으면, 사냥하던 개는 쓸모가 없게 되어 삶아 먹히게 된다는 뜻으로 달면 삼키고 쓰면 뱉는 감탄고토와 비슷하지요.

**고사성어의 뜻을 생각하며 따라 써 보세요.**

| 감 | 탄 | 고 | 토 | 甘 | 呑 | 苦 | 吐 |
|---|---|---|---|---|---|---|---|
|  |  |  |  |  |  |  |  |

달면 삼키고 쓰면 뱉는다.

**달 감(甘), 쓸 고(苦), 토할 토(吐)가 들어가는 어휘와 고사성어를 따라 써 보세요.**

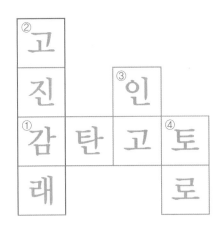

❯ 가 로
①감탄고토: 달면 삼키고 쓰면 뱉는다.

❯ 세 로
②고진감래: 쓴 것(괴로움)이 다하면 단 것(즐거움)이 온다.
③인고: 고통을 참음.
④토로: 마음속에 있는 것을 모두 드러내어 말함.

**위의 퍼즐을 참고하여 빈칸에 어울리는 어휘와 고사성어를 써 넣으세요.**

예문 1 임금은 자신에게 좋은 말을 하는 신하는 곁에 두고 충고하는 신하는 멀리하는

⬜⬜⬜⬜ 의 자세를 버려야 한다.

예문 2 ⬜⬜⬜⬜ 라더니, ⬜⬜ 의 수험생 생활이 끝나고 즐거운 대학

생활이 시작되었다.

예문 3 엄마는 하루종일 아빠에 대한 불만을 ⬜⬜ 했다.

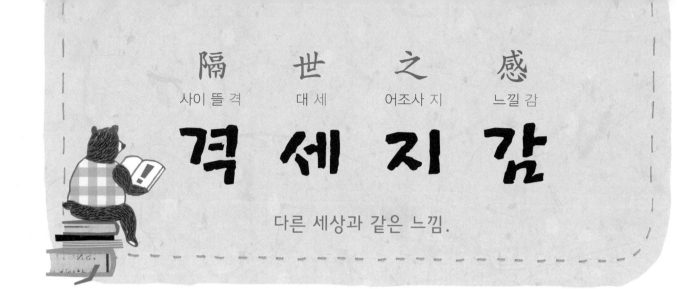

| 隔 | 世 | 之 | 感 |
|---|---|---|---|
| 사이 뜰 격 | 대 세 | 어조사 지 | 느낄 감 |

# 격 세 지 감

다른 세상과 같은 느낌.

 **한자의 뜻과 음을 생각하며 따라 써 보세요.**

| 隔 | ⁷ ³ ⻖ ⻖ ⻖ ⻖ ⻖ ⻖ 隔 隔 隔 隔 隔 | | | | | |
|---|---|---|---|---|---|---|
| 사이 뜰 격 | 隔 | | | | | |

| 世 | 一 十 卅 卅 世 | | | | | |
|---|---|---|---|---|---|---|
| 대 세 | 世 | | | | | |

| 之 | ⼂ ⼀ ⼇ 之 | | | | | |
|---|---|---|---|---|---|---|
| 어조사 지 | 之 | | | | | |

| 感 | ⼁ 厂 厂 厂 厅 后 咸 咸 咸 感 感 感 | | | | | |
|---|---|---|---|---|---|---|
| 느낄 감 | 感 | | | | | |

아주 바뀌어 다른 세상이 된 것 같은 느낌 또는 다른 세대가 된 것 같은 느낌을 뜻하는 말입니다. 격세지감과 비슷한 뜻의 한자성어에는 상전벽해(桑田碧海)가 있어요. 뽕나무 밭이 푸른 바다로 변한다는 뜻으로, 세상이 몰라볼 정도로 많이 변함을 이르는 말이에요.

**고사성어의 뜻을 생각하며 따라 써 보세요.**

| 격 | 세 | 지 | 감 | 隔 | 世 | 之 | 感 |
|---|---|---|---|---|---|---|---|
|   |   |   |   |   |   |   |   |

다른 세상과 같은 느낌.

**사이 뜰 격(隔), 대 세(世), 느낄 감(感)이 들어가는 고사성어와 어휘를 따라 써 보세요.**

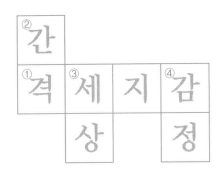

▶ 가 로
①격세지감: 다른 세상과 같은 느낌.

▼ 세 로
②간격: 시간·공간·관계가 벌어진 사이나 정도.
③세상: 사람이 살고 있는 모든 사회.
④감정: 어떤 일에 대하여 갖는 마음이나 기분.

**위의 퍼즐을 참고하여 빈칸에 어울리는 어휘와 고사성어를 써 넣으세요.**

예문 1  두 세대의 [  ][  ] 을 세대 차이라고 해요.

예문 2  오랜만에 고향에 왔더니 어린 시절과 달라 [  ][  ][  ][  ] 을 느꼈다.

예문 3  저 가수는 [  ][  ] 이 참 풍부해.

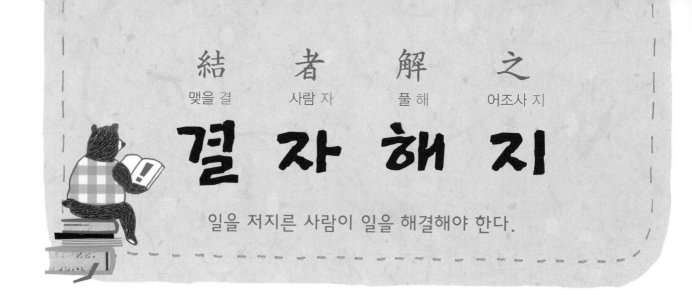

結 者 解 之

맺을 결 사람 자 풀 해 어조사 지

# 결자해지

일을 저지른 사람이 일을 해결해야 한다.

## 한자의 뜻과 음을 생각하며 따라 써 보세요.

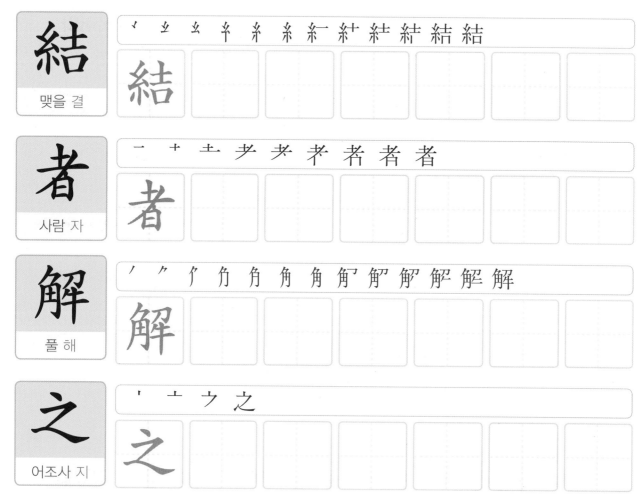

| | | |
|---|---|---|
| 結 (맺을 결) | 幺 幺 幺 糸 糸 糸 紅 紅 紅 紅 結 結 | 結 |
| 者 (사람 자) | 一 十 土 耂 耂 者 者 者 者 | 者 |
| 解 (풀 해) | ノ ク 角 角 角 角 角 解 解 解 解 解 解 | 解 |
| 之 (어조사 지) | 丶 亠 ㇇ 之 | 之 |

일을 맺은 사람이 풀어야 한다는 뜻으로, 일을 저지른 사람이 그 일을 해결해야 한다는 말입니다. 조선 인조 때 홍만종이 지은 《순오지》에 '맺은 자가 그것을 풀고, 일을 시작한 자가 끝까지 책임져야 마땅하다.'는 말이 나옵니다.

**고사성어의 뜻을 생각하며 따라 써 보세요.**

| 결 | 자 | 해 | 지 | 結 | 者 | 解 | 之 |
|---|---|---|---|---|---|---|---|
|  |  |  |  |  |  |  |  |

일을 저지른 사람이 일을 해결해야 한다.

**맺을 결(結), 풀 해(解)가 들어가는 어휘와 고사성어를 따라 써 보세요.**

▶ 가 로
①결자해지: 일을 저지른 사람이 일을 해결해야
한다.

▼ 세 로
①결초보은: 풀을 묶어서 은혜를 갚는다는 뜻으로,
죽어 혼이 되더라도 입은 은혜를 잊지 않고 갚음.
②해결: 얽힌 일을 풀어 처리하거나 문제를 풀어
서 결말을 지음.

**위의 퍼즐을 참고하여 빈칸에 어울리는 어휘와 고사성어를 써 넣으세요.**

예문1 자신의 잘못을 스스로 책임지고 해결하는 ⬚⬚⬚⬚ 의 자세가 필요하다.

예문2 많은 분들에게 도움을 받아 성공하였으니 이제 은혜를 잊지 않고

⬚⬚⬚⬚ 할 일만 남았다.

예문3 어려운 문제일수록 여러 사람이 머리를 모아 ⬚⬚ 해야 한다.

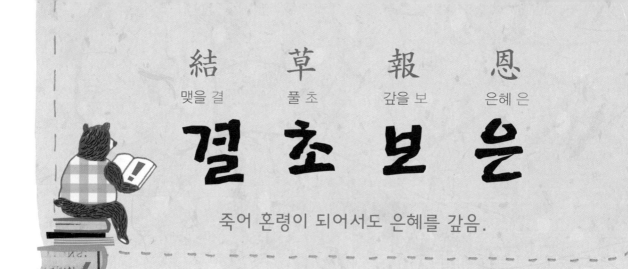

結 草 報 恩
맺을 결   풀 초   갚을 보   은혜 은

# 결 초 보 은

죽어 혼령이 되어서도 은혜를 갚음.

 **한자의 뜻과 음을 생각하며 따라 써 보세요.**

| 結 맺을 결 | ⺯ ⺰ ⺱ ⺲ 糸 糸 紀 紂 結 結 結 |
| 結 | |

| 草 풀 초 | 一 十 十 艹 艹 苗 苗 草 草 |
| 草 | |

| 報 갚을 보 | 一 十 土 圡 圥 垚 赤 幸 幸 却 報 報 |
| 報 | |

| 恩 은혜 은 | 丨 冂 冂 因 因 因 因 恩 恩 恩 |
| 恩 | |

풀을 묶어 은혜를 갚는다는 뜻으로, 죽어 혼령이 되어서도 은혜를 갚는다는 의미예요. 중국 춘추 시대에 위과라는 사람이 아버지가 돌아가실 때 첩을 함께 순장하라는 유언을 어기고 첩을 놓아 주었어요. 뒷날 위과가 전쟁터에 나갔을 때 첩의 아버지 혼령이 풀을 엮어 적장을 넘어지게 함으로써 위과의 생명을 구해 준 데서 유래한 말이에요. 뜻이 비슷한 한자성어에는 각골난망(刻骨難忘), 백골난망(白骨難忘)이 있어요.

**고사성어의 뜻을 생각하며 따라 써 보세요.**

| 결 | 초 | 보 | 은 | 結 | 草 | 報 | 恩 |
|---|---|---|---|---|---|---|---|
|  |  |  |  |  |  |  |  |

죽어 혼령이 되어서도 은혜를 갚음.

**갚을 보(報), 은혜 은(恩)이 들어가는 어휘와 고사성어를 따라 써 보세요.**

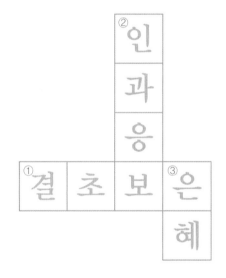

**가로**
①결초보은: 죽어 혼령이 되어서도 은혜를 갚음.

**세로**
②인과응보: 좋은 뜻으로 한 일에는 좋은 결과가, 나쁜 뜻으로 한 일에는 나쁜 결과가 따른다.
③은혜: 남을 위해 베푸는 고마운 혜택.

**위의 퍼즐을 참고하여 빈칸에 어울리는 어휘와 고사성어를 써 넣으세요.**

**예문 1** □□□□ 라고 했거늘, 다 내가 업보지, 누굴 탓하겠는가?

**예문 2** 5월 8일은 어버이 □□ 에, 5월 15일은 스승의 □□ 에 감사 드리는 날이에요.

**예문 3** 장발장은 자신을 도와준 신부님의 뜻에 따라 □□□□ 의 자세로 사람들에게 베풀며 살았어요.

鷄　　　肋
닭 계　　갈비뼈 륵

# 계 륵

큰 쓸모는 없으나 버리기는 아까운 것.

 **한자의 뜻과 음을 생각하며 따라 써 보세요.**

| 鷄 | ´ ´ ´ ´ ´ ´ ´ ´ ´ ´ 系 系 系 系 系 系 系 系 系 鷄 鷄 鷄 鷄 鷄 |
|---|---|
| 닭 계 | 鷄 |

| 肋 | 丿 刀 月 月 肋 肋 |
|---|---|
| 갈비뼈 늑(륵) | 肋 |

'닭의 갈비'라는 뜻으로, 큰 쓸모나 이익은 없지만 버리기는 아까운 것을 말합니다. 《후한서》의 〈양수전〉에서 유래한 말로, 당시 위나라의 조조는 촉나라의 유비와 한중 땅을 놓고 싸우면서 진퇴를 놓고 깊은 고민에 빠져 있었습니다. 조조는 고민에 고민을 거듭하다가, 군대에 '계륵'이라는 암호를 내립니다. 그러자 부하인 양수는 "한중 땅을 먹을 것은 없으나 버리려 하면 아까운 계륵에 비유한 것이니 곧 철수를 명령하실 것이오."라고 말하며 귀환할 준비를 합니다.

**고사성어의 뜻을 생각하며 따라 써 보세요.**

| 계 | 륵 | 鷄 | 肋 | 계 | 륵 | 鷄 | 肋 |
|---|---|---|---|---|---|---|---|
|   |   |   |   |   |   |   |   |

> 큰 쓸모는 없으나 버리기는 아까운 것.

**닭 계(鷄)가 들어가는 어휘와 고사성어를 따라 써 보세요.**

> **가로**
> ①계륵: 큰 쓸모는 없으나 버리기는 아까운 것.

> **세로**
> ②양계: 닭을 기름.

**위의 퍼즐을 참고하여 빈칸에 어울리는 어휘와 고사성어를 써 넣으세요.**

예문 1 옛날에 갖고 놀던 장난감은 참 ☐☐ 같은 존재야.

예문 2 마을 어귀에서부터 닭 울음 소리가 요란한 것으로 보아 그 동네는 주로 ☐☐ 사업을 하는 모양이다.

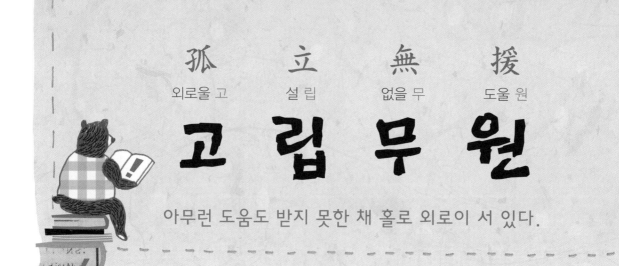

孤　　立　　無　　援
외로울 고　　설 립　　없을 무　　도울 원

# 고 립 무 원

아무런 도움도 받지 못한 채 홀로 외로이 서 있다.

 **한자의 뜻과 음을 생각하며 따라 써 보세요.**

| 孤 외로울 고 | ㄱ 了 孑 孑 孑 孤 孤 孤 |
| | 孤 |

| 立 설 립 | ㅗ ㅗ ㅗ 立 立 |
| | 立 |

| 無 없을 무 | ㅗ ㅗ ㅡ ㅡ 午 午 無 無 無 無 無 無 |
| | 無 |

| 援 도울 원 | ㅡ ㅓ ㅓ ㅓ 扌 扩 扩 扩 抨 抨 拵 援 |
| | 援 |

아무런 도움을 받지 못한 채 혼자 외로이 서 있는 상태를 뜻합니다. 비슷한 한자성어에는 사고무친(四顧無親)이 있습니다. 사방을 둘러보아도 친척이 없는, 의지할 만한 사람이 전혀 없는 상황을 이르지요.

**고사성어의 뜻을 생각하며 따라 써 보세요.**

| 고 | 립 | 무 | 원 | 孤 | 立 | 無 | 援 |
|---|---|---|---|---|---|---|---|
|  |  |  |  |  |  |  |  |

| 아무런 도움도 받지 못한 채 홀로 외로이 서 있다. |
|---|

**외로울 고(孤), 도울 원(援)이 들어가는 어휘와 고사성어를 따라 써 보세요.**

| ① 고 | 립 | 무 | ② 원 |
|---|---|---|---|
| 독 |  |  | 조 |

🔵 가로
① 고립무원: 아무런 도움도 받지 못한 채 홀로 외로이 서 있다.

🔽 세로
① 고독: 매우 외롭고 쓸쓸함.
② 원조: 돕기 위해 필요한 물품이나 돈을 대 줌.

**위의 퍼즐을 참고하여 빈칸에 어울리는 어휘와 고사성어를 써 넣으세요.**

예문 1 마음이 외롭고 쓸쓸한 것을 보니, 가을은 □□ 의 계절이 분명하다.

예문 2 우리나라는 제2차 세계 대전 이후 독립한 국가 중 □□ 를 받는 나라에서 □□ 를 주는 나라로 탈바꿈한 최초의 나라다.

예문 3 지진으로 건물이 붕괴되는 바람에 혼자 건물에 갇히는 □□□□ 의 상황이 되었습니다.

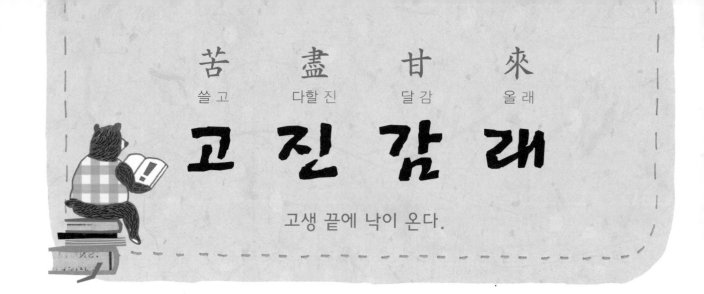

苦　　盡　　甘　　來
쓸고　　다할진　　달감　　올래

# 고 진 감 래

고생 끝에 낙이 온다.

 **한자의 뜻과 음을 생각하며 따라 써 보세요.**

| 苦 쓸고 | 一 十 十 十 芒 芒 芦 芦 苦 苦 |
|---|---|
| | 苦 |

| 盡 다할 진 | ㄱ ㅋ ㅋ ㅋ 丰 圭 圭 聿 聿 盡 盡 盡 盡 盡 |
|---|---|
| | 盡 |

| 甘 달 감 | 一 十 卄 廿 甘 |
|---|---|
| | 甘 |

| 來 올 래 | 一 厂 厼 ㄱ 來 來 來 |
|---|---|
| | 來 |

쓴 것이 다하면 단 것이 온다는 뜻으로, '고생 끝에 낙이 온다'와 같은 말입니다. 반대의 한
자성어에는 흥진비래(興盡悲來)가 있습니다. 즐거운 일이 지나가면 슬픈 일이 닥쳐온다는
뜻이지요.

**고사성어의 뜻을 생각하며 따라 써 보세요.**

| 고 | 진 | 감 | 래 | 苦 | 盡 | 甘 | 來 |
|---|---|---|---|---|---|---|---|
|   |   |   |   |   |   |   |   |

고생 끝에 낙이 온다.

**쓸 고(苦), 다할 진(盡)이 들어가는 고사성어와 어휘를 따라 써 보세요.**

> **가로**
> ① 고진감래: **고생 끝에 낙이 온다.**

> **세로**
> ① 고생: **어렵고 고된 생활.**
> ② 탈진: **기운이 다 해 없어짐.**

**위의 퍼즐을 참고하여 빈칸에 어울리는 어휘와 고사성어를 써 넣으세요.**

예문 1  갖은 ☐☐ 끝에 누리는 기쁨이라니! ☐☐☐☐ 가 따로 없네.

예문 2  연장전 끝에 승부차기로 승리한 대한민국 축구 대표팀은 마지막 주자가 골을 넣는 순간 ☐☐ 해 경기장에 드러누웠다.

23

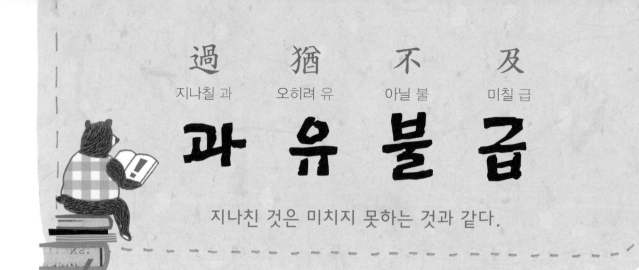

過 猶 不 及
지나칠 과　오히려 유　아닐 불　미칠 급

# 과 유 불 급

지나친 것은 미치지 못하는 것과 같다.

 한자의 뜻과 음을 생각하며 따라 써 보세요.

| 過 지나칠 과 | 冂 冂 冂 冂 咼 咼 咼 咼 咼 過 過 過 過 過 / 過 |
| 猶 오히려 유 | 丿 丬 丬 犭 犭 犭 犭 犭 猶 猶 猶 猶 / 猶 |
| 不 아닐 불 | 一 フ 不 不 / 不 |
| 及 미칠 급 | 丿 乃 乃 及 / 及 |

지나친 것은 미치지 못하는 것과 같다는 뜻으로, 《논어》의 〈선진편〉에 나오는 말입니다.
자공이 스승 공자에게 "자장과 자상은 어느 쪽이 어집니까?" 하고 묻자, 공자는 "자장은
지나치고 자상은 미치지 못한다."고 대답하였습니다. "그럼 자장이 낫단 말씀입니까?" 하
고 반문하자, 공자는 "지나친 것은 미치지 못한 것과 같다."고 말한 데서 유래했습니다.

**고사성어의 뜻을 생각하며 따라 써 보세요.**

| 과 | 유 | 불 | 급 | 過 | 猶 | 不 | 及 |
|---|---|---|---|---|---|---|---|
|   |   |   |   |   |   |   |   |

지나친 것은 미치지 못하는 것과 같다.

**지나칠 과(過)가 들어가는 어휘와 고사성어를 따라 써 보세요.**

❯ 가로
①과유불급: 지나친 것은 미치지 못하는 것과 같다.

❯ 세로
①과욕: 지나친 욕심.

**위의 퍼즐을 참고하여 빈칸에 어울리는 어휘와 고사성어를 써 넣으세요.**

예문 1 새해 첫날부터 ☐☐ 을 부리면 목표 달성에 실패할 거야.

예문 2 ☐☐☐☐ 이라는 말처럼 불필요한 일에 너무 깊숙이 파고드는 것은

좋지 않다.

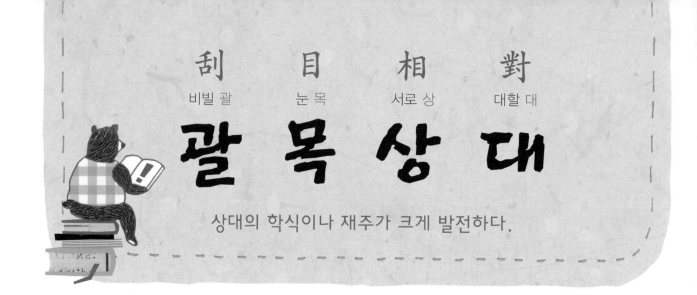

# 괄 목 상 대

상대의 학식이나 재주가 크게 발전하다.

 **한자의 뜻과 음을 생각하며 따라 써 보세요.**

| 刮<br>비빌 괄 | ⼀ ⼆ ⼲ ⼳ 舌 舌 刮 刮<br>刮 |
|---|---|

| 目<br>눈 목 | ⼁ ⼌ ⼍ 冃 目<br>目 |
|---|---|

| 相<br>서로 상 | ⼀ ⼗ ⼧ ⽊ ⽊ 杓 机 相 相<br>相 |
|---|---|

| 對<br>대할 대 | ⼁ ⼐ ⼳ ⼳ 业 业 业 丵 丵 丵一 對 對<br>對 |
|---|---|

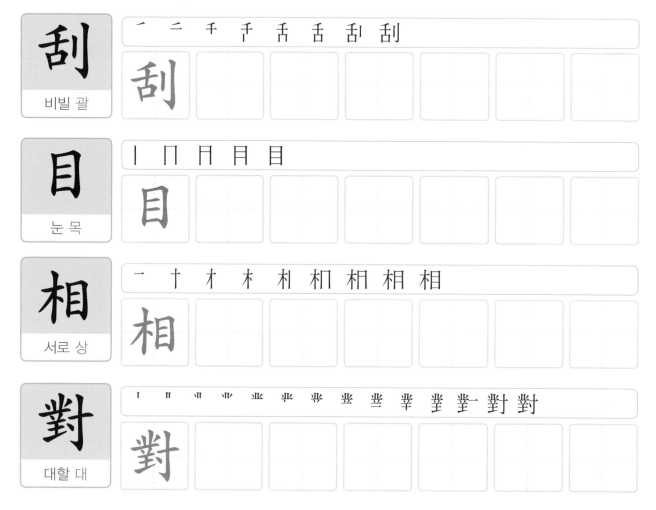

눈을 비비고 다시 본다는 뜻으로 남의 학식이나 재주가 부쩍 성장한 것을 이르는 말입니다. 중국 삼국 시대에 오나라의 왕 손권이 무술에는 능하나 학문에는 소홀한 장수 여몽을 나무라자 여몽은 열심히 학문을 닦았어요. 얼마 후 학자 노숙이 여몽을 찾아가 이야기를 나누는데 그의 박식함에 놀라워하자 여몽은 "선비가 사흘을 떨어져 있다 다시 대할 때는 눈을 비비고 대하여야 합니다."라고 대답했다고 해요.

**고사성어의 뜻을 생각하며 따라 써 보세요.**

| 괄 | 목 | 상 | 대 | 刮 | 目 | 相 | 對 |
|---|---|---|---|---|---|---|---|
|  |  |  |  |  |  |  |  |

상대의 학식이나 재주가 크게 발전하다.

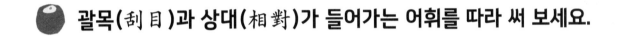 **괄목(刮目)과 상대(相對)가 들어가는 어휘를 따라 써 보세요.**

| ① 괄 | 목 | ② 상 | 대 |
|---|---|---|---|

① 괄목: 눈을 비비고 볼 정도로 매우 놀람.
② 상대: 서로 마주 대함. 또는 그런 대상.

 **위의 퍼즐을 참고하여 빈칸에 어울리는 어휘와 고사성어를 써 넣으세요.**

예문 1 지난 경기에서는 예선전에도 통과하지 못했던 선수가 금메달을 따다니 과연

[   ] 할 만한 성장이야.

예문 2 혼자 사는 노인에게는 말 [   ] 가 필요하다.

예문 3 피아노 콩쿠르 대회에서 나는 그의 피아노 연주 실력이 [      ] 한

것을 깨달았다.

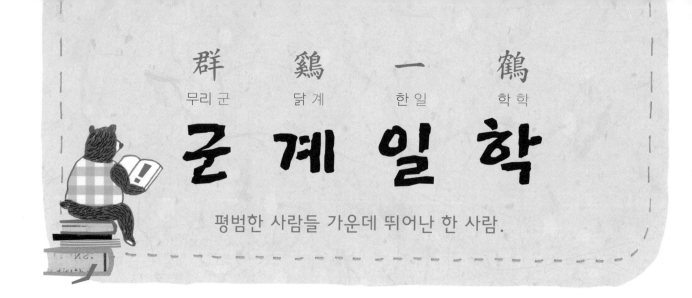

群　　鷄　　一　　鶴
무리 군　　닭 계　　한 일　　학 학

# 군 계 일 학

평범한 사람들 가운데 뛰어난 한 사람.

 **한자의 뜻과 음을 생각하며 따라 써 보세요.**

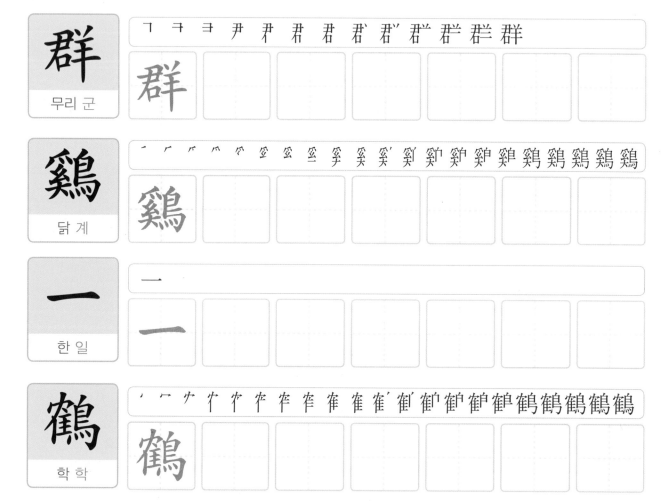

| 群<br>무리 군 | ㄱ ㅋ ㅋ 尹 尹 君 君 君 君 君 君 群 群 |
|---|---|
| | 群 |

| 鷄<br>닭 계 | ＇ ＇ ＇ ＇ ＇ 조 조 조 쫒 쫒 쫓 쫓 쫓 鷄 鷄 鷄 鷄 鷄 |
|---|---|
| | 鷄 |

| 一<br>한 일 | 一 |
|---|---|
| | 一 |

| 鶴<br>학 학 | ＇ ＇ ＇ ＇ ＇ ＇ 隹 隹 隹 雀 雀 鹤 鹤 鹤 鹤 鶴 鶴 鶴 鶴 鶴 |
|---|---|
| | 鶴 |

여러 마리 닭 가운데 있는 한 마리의 학이라는 뜻으로, 평범한 사람들 가운데 있는 뛰어난
한 사람을 이르는 말입니다. 비슷한 뜻의 한자성어에는 낭중지추(囊中之錐)가 있습니다.
'주머니 속에 있는 송곳'이라는 뜻으로 재능이 뛰어난 사람은 숨어 있어도 다른 사람의 눈에
띈다는 의미지요. '될성부른 나무는 떡잎부터 알아본다'는 속담도 같은 뜻입니다.

**고사성어의 뜻을 생각하며 따라 써 보세요.**

| 군 | 계 | 일 | 학 | 群 | 鷄 | 一 | 鶴 |
|---|---|---|---|---|---|---|---|
|   |   |   |   |   |   |   |   |

평범한 사람들 가운데 뛰어난 한 사람.

**무리 군(結), 닭 계(鷄)가 들어가는 고사성어와 어휘를 따라 써 보세요.**

❯ 가 로
① 군계일학: **평범한 사람들 가운데 뛰어난 한 사람.**

❯ 세 로
① 군중: **무리지어 있는 수많은 사람.**
② 양계: **닭을 기름.**

**위의 퍼즐을 참고하여 빈칸에 어울리는 어휘와 고사성어를 써 넣으세요.**

예문 1 많은 사람들 틈에 섞여 있으니 ☐☐☐☐ 처럼 그의 학식과 인품이 돋보였다.

예문 2 우리 아버지와 어머니는 닭을 기르시는 ☐☐ 사업을 하십니다.

예문 3 그의 연설을 듣기 위해 수만 ☐☐ 이 광장에 모였다.

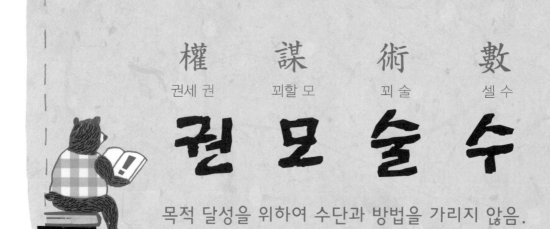

권세 권 權　꾀할 모 謀　꾀 술 術　셀 수 數

# 권 모 술 수

목적 달성을 위하여 수단과 방법을 가리지 않음.

 **한자의 뜻과 음을 생각하며 따라 써 보세요.**

| 權<br>권세 권 | 一 十 オ 木 村 杧 杧 榨 栌 榨 楕 榾 榷 榷 榷 榷 榷 權 權 |
| --- | --- |
| | 權 |

| 謀<br>꾀할 모 | 一 二 글 글 글 言 言 言 言 計 訐 謀 謀 謀 謀 謀 謀 |
| --- | --- |
| | 謀 |

| 術<br>꾀 술 | ' 彳 彳 疒 什 什 術 術 術 術 術 術 |
| --- | --- |
| | 術 |

| 數<br>셀 수 | 丨 冂 □ 曰 串 串 串 串 曲 婁 婁 婁 數 數 數 數 |
| --- | --- |
| | 數 |

목적을 달성하기 위해 수단과 방법을 가리지 않고 행하는 모든 모략과 술책을 말합니다.
꾀할 모(謀)와 꾀 술(術)은 모함(謀陷), 모략(謀略), 음모(陰謀), 술수(術數), 술책(術策) 등
부정적인 의미의 단어에 많이 쓰이지요.

30

**고사성어의 뜻을 생각하며 따라 써 보세요.**

| 권 | 모 | 술 | 수 | 權 | 謀 | 術 | 數 |
|---|---|---|---|---|---|---|---|
|  |  |  |  |  |  |  |  |

목적 달성을 위하여 수단과 방법을 가리지 않음.

**권세 권(權), 꾀할 모(謀), 꾀 술(術)이 들어가는 어휘와 고사성어를 따라 써 보세요.**

❯ 가로
① 권모술수: 목적 달성을 위하여 수단과 방법을 가리지 않음.

❯ 세로
① 권세: 다른 사람을 부릴 수 있는 힘을 이르는 말.
② 음모: 나쁜 목적으로 몰래 꾸미는 일.
③ 술책: 어떤 일을 꾸미는 꾀.

**위의 퍼즐을 참고하여 빈칸에 어울리는 어휘와 고사성어를 써 넣으세요.**

예문1 김 대감은 부잣집에서 태어나 한평생 [　　] 를 누리며 살았다.

예문2 반장은 공약을 지키지 않기 위해 온갖 [　　] 와 [　　] 을 쓰고 있다.

예문3 그는 [　　　　] 에 능한 사람이다.

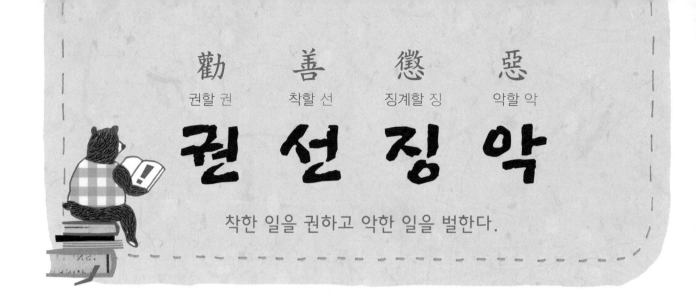

勸 善 懲 惡
권할 권　착할 선　징계할 징　악할 악

# 권 선 징 악

착한 일을 권하고 악한 일을 벌한다.

 **한자의 뜻과 음을 생각하며 따라 써 보세요.**

| 勸 권할 권 | 一 + 吉 产 吉 吉 苗 苗 苗 苗 茧 萌 萌 萑 莑 莑 藋 藋 雚丁 勸 |
| | 勸 |

| 善 착할 선 | 丶 丷 芈 芈 兰 羊 羊 羊 美 差 善 善 善 |
| | 善 |

| 懲 징계할 징 | 丿 彳 彳 彳 彳 律 律 彿 衙 徫 徨 徨 徸 徴 徴 徴 懲 懲 懲 |
| | 懲 |

| 惡 악할 악 | 一 丁 丌 亞 亞 亞 亞 惡 惡 惡 惡 |
| | 惡 |

착한 일을 권하고 악한 일을 벌한다는 뜻입니다. 비슷한 한자성어에는 사필귀정(事必歸正)과 인과응보(因果應報)가 있어요. 사필귀정은 모든 일은 반드시 바른 데로 돌아간다는 뜻이고, 인과응보는 원인과 결과가 서로 물고 물린다는 뜻으로 좋은 일에는 좋은 결과가, 나쁜 일에는 나쁜 결과가 따른다는 뜻이지요.

**고사성어의 뜻을 생각하며 따라 써 보세요.**

| 권 | 선 | 징 | 악 | 勸 | 善 | 懲 | 惡 |
|---|---|---|---|---|---|---|---|
|  |  |  |  |  |  |  |  |

착한 일을 권하고 악한 일을 벌한다.

**권할 권(勸), 징계할 징(懲)이 들어가는 어휘와 고사성어를 따라 써 보세요.**

❯ 가 로
① 권선징악: 착한 일을 권하고 악한 일을 벌한다.

❯ 세 로
① 권유: 어떤 일을 하도록 권함.
② 징계: 실수나 잘못을 뉘우치도록 나무라다.

**위의 퍼즐을 참고하여 빈칸에 어울리는 어휘와 고사성어를 써 넣으세요.**

예문 1 콩쥐팥쥐전, 흥부전과 같은 고전 소설은 [　][　][　][　] 이 주제인 경우가 많다.

예문 2 그는 어머니의 간곡한 [　][　] 를 뿌리치고 집을 나섰다.

예문 3 경기 중 심판에게 대든 선수가 퇴장을 당하는 [　][　] 를 받았다.

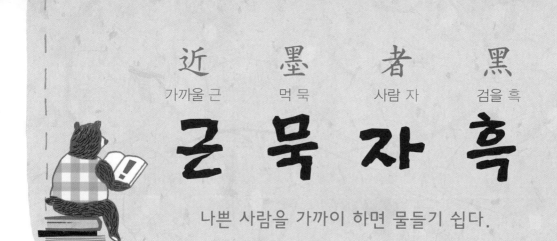

近 墨 者 黑
가까울 근　먹 묵　사람 자　검을 흑

# 근 묵 자 흑

나쁜 사람을 가까이 하면 물들기 쉽다.

 **한자의 뜻과 음을 생각하며 따라 써 보세요.**

| 近 가까울 근 | 一 厂 广 斤 斤 近 近 近 |
| | 近 |

| 墨 먹 묵 | 丨 冂 冋 冋 冃 罒 里 里 黑 黑 黑 黑 黑 墨 墨 |
| | 墨 |

| 者 사람 자 | 一 十 土 耂 耂 者 者 者 |
| | 者 |

| 黑 검을 흑 | 丨 冂 冋 冋 冃 罒 里 里 里 黑 黑 黑 |
| | 黑 |

먹을 가까이 하다 보면 자신도 모르게 검어진다는 뜻으로, 사람도 주위 환경에 따라 변할 수 있다는 것을 비유한 말입니다. 비슷한 뜻의 한자성어에는 귤화위지(橘化爲枳), 맹모삼천지교(孟母三遷之敎) 등이 있습니다. 귤화위지는 회남의 귤을 회북에 옮겨 심으면 탱자가 된다는 뜻이며, 맹모삼천지교는 맹자의 어머니가 자식을 위해 세 번 이사했다는 뜻으로 두 가지 모두 환경이 성장에 중요한 영향을 미친다는 의미입니다.

**고사성어의 뜻을 생각하며 따라 써 보세요.**

| 근 | 묵 | 자 | 흑 | 近 | 墨 | 者 | 黑 |
|---|---|---|---|---|---|---|---|
|   |   |   |   |   |   |   |   |

나쁜 사람을 가까이 하면 물들기 쉽다.

**가까울 근(近), 먹 묵(墨), 검을 흑(黑)이 들어가는 어휘와 고사성어를 따라 써 보세요.**

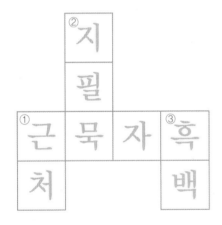

❱ 가 로
① 근묵자흑: 나쁜 사람을 가까이 하면 물들기 쉽다.

❱ 세 로
① 근처: 가까운 곳.
② 지필묵: 종이와 붓과 먹을 아울러 이르는 말.
③ 흑백: 옳고 그름.

**위의 퍼즐을 참고하여 빈칸에 어울리는 어휘와 고사성어를 써 넣으세요.**

예문1 선비들은 필낭에서 ☐☐☐ 을 꺼내어 글을 짓기 시작했다.

예문2 ☐☐☐☐ 이라고, 나쁜 사람과 가까이 지내면 나쁜 버릇에 물들기 쉬움을 이르는 말이야.

예문3 누가 옳고 누가 그른지 ☐☐ 을 분명히 해야 한다.

예문4 학교 ☐☐ 에는 문구점과 분식점이 있다.

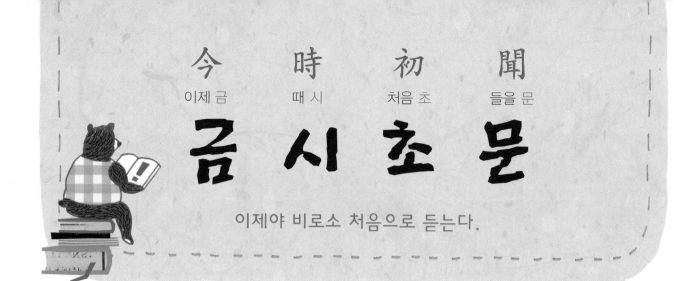

今 時 初 聞
이제 금    때 시    처음 초    들을 문

# 금시초문

이제야 비로소 처음으로 듣는다.

 **한자의 뜻과 음을 생각하며 따라 써 보세요.**

| 今 이제 금 | ノ 人 今 今 |
| 今 | |

| 時 때 시 | 丨 冂 冃 日 旷 旷 旷 昈 時 時 |
| 時 | |

| 初 처음 초 | ` ラ ネ ネ ネ ネ 初 初 |
| 初 | |

| 聞 들을 문 | 丨 冂 冂 冃 冃 冎 門 門 門 門 閂 閂 閂 聞 聞 |
| 聞 | |

'이제야 비로소 처음으로 들음'이라는 뜻입니다. 수험생이 시험이 연기되었다는 이야기를 처음 들었을 때, '금시초문'이라는 표현을 쓸 수 있겠지요? 이처럼 소문의 한가운데 있는 당사자가 그 소문을 처음 들었을 때 '금시초문'이라는 표현을 쓰며 난색을 표합니다.

**고사성어의 뜻을 생각하며 따라 써 보세요.**

| 금 | 시 | 초 | 문 | 今 | 時 | 初 | 聞 |
|---|---|---|---|---|---|---|---|
|   |   |   |   |   |   |   |   |

이제야 비로소 처음으로 듣는다.

**이제 금(今), 들을 문(聞)이 들어가는 어휘와 고사성어를 따라 써 보세요.**

> **가 로**
> ① 금시초문: 이제야 비로소 처음으로 듣는다.

> **세 로**
> ② 지금: 바로 이때.
> ③ 소문: 사람들 입에 오르내리는 말.

**위의 퍼즐을 참고하여 빈칸에 어울리는 어휘와 고사성어를 써 넣으세요.**

예문 1  나는 ☐☐ 막 학교에 도착했다.

예문 2  ☐☐ 난 잔치에 먹을 것 없다더니 크게 기대한 데 반하여 실속 없는 자리였다.

예문 3  삼척동자도 다 아는 사실을 자네는 아직도 ☐☐☐☐ 인가.

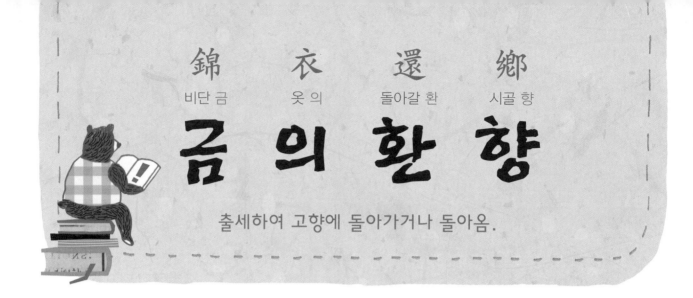

錦　衣　還　鄕
비단 금　옷 의　돌아갈 환　시골 향

# 금 의 환 향

출세하여 고향에 돌아가거나 돌아옴.

 한자의 뜻과 음을 생각하며 따라 써 보세요.

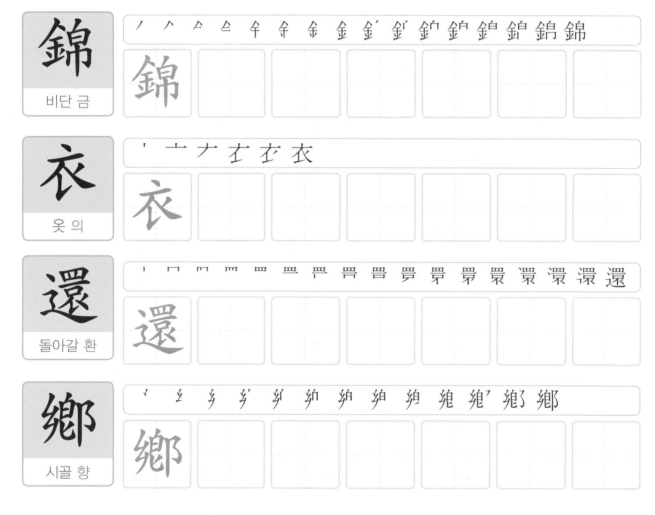

| 錦 비단 금 | ノ ハ ㅅ ㅅ 乒 乒 金 金 金 釒 釒 釒 銞 鋦 錦 錦 |
| 錦 | | | | | |

| 衣 옷 의 | ㅗ ㅗ ㅜ ㅗ ㅗ 衣 |
| 衣 | | | | | |

| 還 돌아갈 환 | ㅣ 口 回 回 罒 罒 罒 罘 罘 罘 罘 睘 睘 環 環 還 |
| 還 | | | | | |

| 鄕 시골 향 | ´ ㄠ ㄠ 乡 糸 幻 纫 纫 纫 缒 缒 鄕 鄕 |
| 鄕 | | | | | |

비단옷을 입고 고향에 돌아온다는 뜻으로, 출세하여 고향에 돌아가거나 돌아옴을 이르는 말입니다. 반대의 뜻을 가진 한자성어에는 금의야행(錦衣夜行)이 있습니다. 비단옷을 입고 밤길을 걸어간다는 뜻으로 자랑하지 않으면 생색이 나지 않는다는 뜻입니다. 아무 보람 없는 행동을 비유하여 이르는 말이지요.

**고사성어의 뜻을 생각하며 따라 써 보세요.**

| 금 | 의 | 환 | 향 | 錦 | 衣 | 還 | 鄉 |

출세하여 고향에 돌아가거나 돌아옴.

**돌아갈 환(還), 시골 향(鄉)이 들어가는 어휘와 고사성어를 따라 써 보세요.**

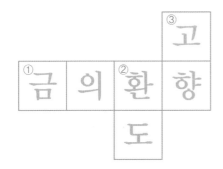

❯ 가로
①금의환향: 출세하여 고향에 돌아가거나 돌아옴.

❯ 세로
②환도: 전쟁 등으로 정부가 한때 수도를 다른 곳으로 옮겼다가 다시 옛 수도로 돌아오는 일.
③고향: 태어나서 자란 곳.

**위의 퍼즐을 참고하여 빈칸에 어울리는 어휘와 고사성어를 써 넣으세요.**

예문 1 김연아 선수는 금메달을 목에 걸고 [    ][    ][    ][    ] 했다.

예문 2 고려는 몽골의 침입에 대비하여 강화도로 수도를 옮겼다가 몽골에 항복한 뒤 개경으로 [    ][    ] 했다.

예문 3 "나의 살던 [    ][    ] 은 꽃 피는 산~골. 복숭아꽃 살구꽃 아기 진달래~ ."로 시작하는 노래를 불러 보아요.

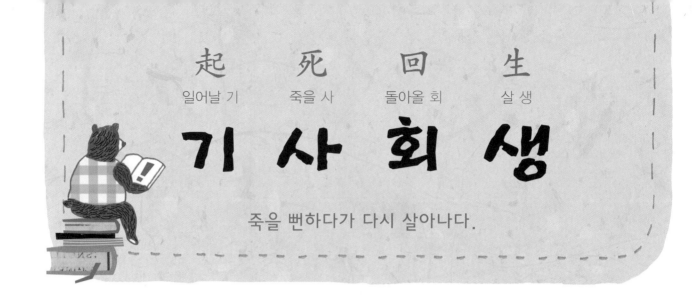

起 死 回 生
일어날 기　　죽을 사　　돌아올 회　　살 생

# 기 사 회 생

죽을 뻔하다가 다시 살아나다.

 **한자의 뜻과 음을 생각하며 따라 써 보세요.**

| 起 일어날 기 | 一 十 土 キ キ ‡ 走 起 起 起 |
| --- | --- |
| | 起 |

| 死 죽을 사 | 一 厂 歹 歹 死 死 |
| --- | --- |
| | 死 |

| 回 돌아올 회 | 丨 冂 冂 冂 回 回 |
| --- | --- |
| | 回 |

| 生 살 생 | ノ ノ 느 牛 生 |
| --- | --- |
| | 生 |

죽은 사람이 일어나 다시 살아난다는 뜻입니다. 《여씨춘추》에 노나라 사람 공손작이 "나는 죽은 사람을 살릴 수 있다."라고 했어요. 사람들이 방법을 물어보니, "나는 반신불수를 고칠 수 있다. 반신불수를 고치는 약을 배로 늘리면 그것으로 죽은 사람을 살릴 수 있다[治半身不隨之藥倍增 以是起死回生矣(치반신불수지약배증 이시기사회생의)]."라고 하였는데 여기서 '기사회생'이라는 말이 유래되었다고 해요.

**고사성어의 뜻을 생각하며 따라 써 보세요.**

| 기 | 사 | 회 | 생 | 起 | 死 | 回 | 生 |
|---|---|---|---|---|---|---|---|
|  |  |  |  |  |  |  |  |

죽을 뻔하다가 다시 살아나다.

**일어날 기(起), 죽을 사(死), 살 생(生)이 들어가는 어휘와 고사성어를 따라 써 보세요.**

❯ 가로
① 기사회생: 죽을 뻔하다가 다시 살아남.

❯ 세로
② 재기: 능력을 모아 다시 일어섬.
③ 사망: 사람이 죽음.
④ 생일: 세상에 태어난 날.

**위의 퍼즐을 참고하여 빈칸에 어울리는 어휘와 고사성어를 써 넣으세요.**

예문 1 박지성 선수는 부상에서 성공적으로 ☐☐ 하는 모습을 보여 주었다.

예문 2 친구의 갑작스러운 ☐☐ 소식에 나는 큰 충격을 받았다.

예문 3 오늘은 사촌 동생이 태어난 지 1년이 되는 첫 번째 ☐☐ 잔치가 있는 날이다.

예문 4 대한민국 축구 대표팀이 승부차기로 역전을 이루며 ☐☐☐☐ 했다.

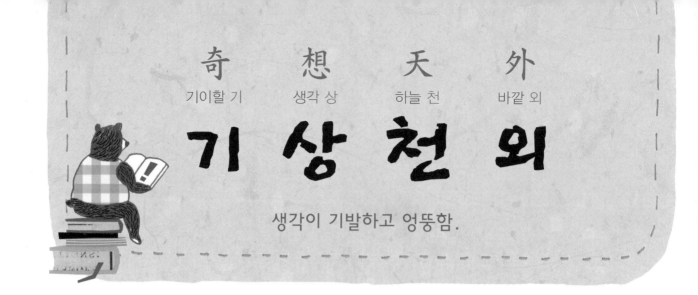

奇　想　天　外
기이할 기　　생각 상　　하늘 천　　바깥 외

# 기 상 천 외

생각이 기발하고 엉뚱함.

 **한자의 뜻과 음을 생각하며 따라 써 보세요.**

| 奇 기이할 기 | 一 ナ 大 ナ 夳 夳 奇 奇 |
|---|---|
| | 奇 |

| 想 생각 상 | 一 十 才 木 朳 朾 相 相 相 相 想 想 想 |
|---|---|
| | 想 |

| 天 하늘 천 | 一 二 チ 天 |
|---|---|
| | 天 |

| 外 바깥 외 | ノ ク タ 列 外 |
|---|---|
| | 外 |

보통 사람이 쉽게 짐작할 수 없을 정도로 생각이 기발하고 엉뚱함을 이르는 말입니다. 우리는 종종 기상천외한 상상력에 배꼽을 잡고 웃는 포복절도(抱腹絕倒)의 상황을 맞이하고는 하지요.

| 기 | 상 | 천 | 외 | 奇 | 想 | 天 | 外 |
|---|---|---|---|---|---|---|---|
|  |  |  |  |  |  |  |  |

생각이 기발하고 엉뚱함.

**기이할 기(奇), 생각 상(想)이 들어가는 어휘와 고사성어를 따라
써 보세요.**

> **가 로**
① 기상천외: 생각이 기발하고 엉뚱함.

> **세 로**
① 기발: 재치가 매우 뛰어나다.
② 착상: 창작의 실마리가 되는 어떤 생각.

**위의 퍼즐을 참고하여 빈칸에 어울리는 어휘와 고사성어를 써 넣으세요.**

예문 1 며칠 동안 고민하던 문제를 한번에 해결할 수 있는 ☐☐ 한 ☐☐ 이
떠올랐다.

예문 2 만우절에 일어난 ☐☐☐☐ 한 장난에 폭소를 터뜨렸다.

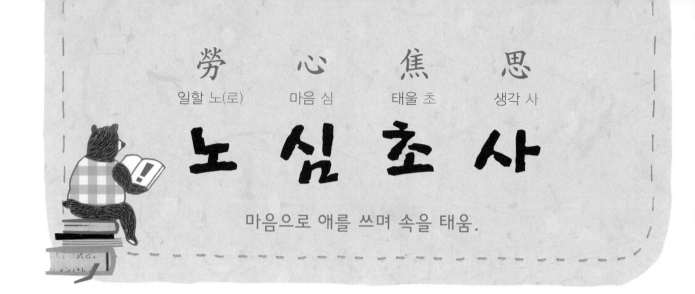

勞　心　焦　思
일할 노(로)　마음 심　태울 초　생각 사

# 노 심 초 사

마음으로 애를 쓰며 속을 태움.

 한자의 뜻과 음을 생각하며 따라 써 보세요.

| 勞<br>일할 노(로) | ＇ ＇ ⺌ ⺊ 火 炏 炏 炏 炏 炏 炏 学 勞 |  |  |  |  |  |  |
|---|---|---|---|---|---|---|---|
|  | 勞 |  |  |  |  |  |  |

| 心<br>마음 심 | ＇ ⺖ 心 心 |  |  |  |  |  |  |
|---|---|---|---|---|---|---|---|
|  | 心 |  |  |  |  |  |  |

| 焦<br>태울 초 | ＇ ィ ｨ ｧ 广 佧 隹 隹 隹 隹 焦 焦 |  |  |  |  |  |  |
|---|---|---|---|---|---|---|---|
|  | 焦 |  |  |  |  |  |  |

| 思<br>생각 사 | ｜ 冂 冃 田 田 田 田 思 思 思 |  |  |  |  |  |  |
|---|---|---|---|---|---|---|---|
|  | 思 |  |  |  |  |  |  |

몹시 마음을 쓰며 애를 태운다는 말입니다. 비슷한 뜻을 가진 한자성어에는 전전긍긍(戰戰兢兢)과 좌불안석(坐不安席)이 있습니다. 전전긍긍에서 전전(戰戰)은 겁을 먹고 벌벌 떠는 것, 긍긍(兢兢)은 몸을 움츠리는 것으로 위기감에 떠는 심정을 빗댄 표현입니다. 좌불안석은 자리에 편안히 앉지 못한다는 뜻입니다.

**고사성어의 뜻을 생각하며 따라 써 보세요.**

| 노 | 심 | 초 | 사 | 勞 | 心 | 焦 | 思 |
|---|---|---|---|---|---|---|---|
|   |   |   |   |   |   |   |   |

마음으로 애를 쓰며 속을 태움.

**일할 노(勞), 태울 초(焦)가 들어가는 어휘와 고사성어를 따라 써 보세요.**

| ①노 | 심 | ②초 | 사 |
|---|---|---|---|
| 고 |   | 조 |   |

**가로**
① 노심초사: 마음으로 애를 쓰며 속을 태움.

**세로**
① 노고: 수고하고 애씀.
② 초조: 애가 타서 마음을 졸이다.

**위의 퍼즐을 참고하여 빈칸에 어울리는 어휘와 고사성어를 써 넣으세요.**

예문1 올림픽이 끝나자 대통령은 올림픽에 출전한 선수들의 ☐☐를 치하했다.

예문2 성적표가 나오는 날이 되자 그의 얼굴에 ☐☐한 기색이 역력했다.

예문3 짝꿍은 거짓말이 탄로날까 봐 ☐☐☐☐하는 게 분명하다.

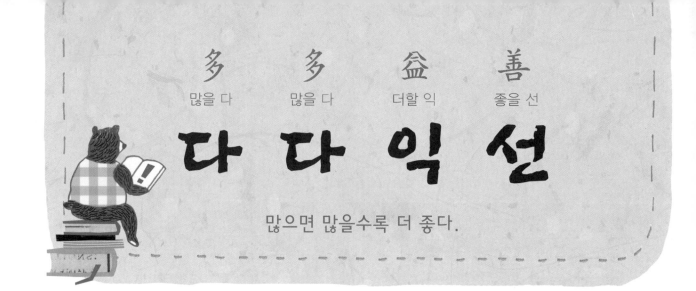

多 많을 다　多 많을 다　益 더할 익　善 좋을 선

# 다 다 익 선

많으면 많을수록 더 좋다.

 **한자의 뜻과 음을 생각하며 따라 써 보세요.**

| 多 많을 다 | ノ ク タ タ 多 多 | 多 | | | | | | |

| 多 많을 다 | ノ ク タ タ 多 多 | 多 | | | | | | |

| 益 더할 익 | ′ ゝ ⌒ ⌒ ⌒ ⌒ 公 尒 帝 盆 益 | 益 | | | | | | |

| 善 좋을 선 | ′ ゛ 羊 羊 当 羊 羊 羔 姜 善 善 | 善 | | | | | | |

《사기》에 나오는 말로, 한나라 유방이 천하통일 후 초나라왕 한신에게 "과인은 얼마나 많은 군대를 거느리는 장수 같은가?"라고 묻자 한신은 "한 10만쯤 거느릴 수 있는 장수에 불과합니다."하고 대답했고 이에 유방이 그대는 어떠한가 묻자 "신은 많으면 많을수록 좋습니다 (多多益善). 그러나 제가 10만 군대의 장수에 불과한 폐하의 포로가 된 것은 장수를 통솔하는 폐하의 능력은 하늘이 내린 것이기 때문입니다."라고 답했다고 해요.

**고사성어의 뜻을 생각하며 따라 써 보세요.**

| 다 | 다 | 익 | 선 | 多 | 多 | 益 | 善 |
|---|---|---|---|---|---|---|---|
|   |   |   |   |   |   |   |   |

많으면 많을수록 더 좋다.

 **많을 다(多), 좋을 선(善)이 들어가는 어휘와 고사성어를 따라 써 보세요.**

| ①다 | 다 | 익 | ②선 |
|---|---|---|---|
| 수 |   |   | 행 |

❯ 가 로
① 다다익선: 많으면 많을수록 더 좋다.

❯ 세 로
① 다수: 수효가 많음.
② 선행: 착한 행동.

**위의 퍼즐을 참고하여 빈칸에 어울리는 어휘와 고사성어를 써 넣으세요.**

예문 1  전쟁 중 사람과 무기는 [    ][    ][    ][    ] 이라 많으면 많을수록 좋다.

예문 2  나는 [    ][    ] 의 지지를 받아 전교 어린이 회장에 당선되었다.

예문 3  노블리스 오블리주란 사회적 지위에 상응하는 도덕적 의무라는 뜻으로 주로

유명 인사들이 [    ][    ] 을 베풀 때 사용한다.

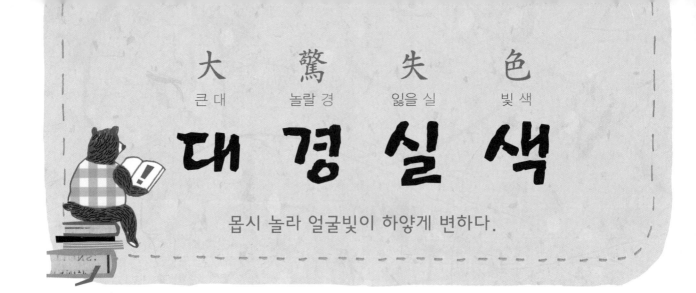

| 大 | | | | | | |
|---|---|---|---|---|---|---|
| | 一 ナ 大 | | | | | |
| 큰 대 | 大 | | | | | |

| 驚 | | | | | | |
|---|---|---|---|---|---|---|
| | 一 十 卄 丗 丼 芍 芍 苟 苟 苟 苟 敬 敬 敬 敬 警 警 警 驚 驚 驚 驚 驚 | | | | | |
| 놀랄 경 | 驚 | | | | | |

| 失 | | | | | | |
|---|---|---|---|---|---|---|
| | ノ ー ド 失 失 | | | | | |
| 잃을 실 | 失 | | | | | |

| 色 | | | | | | |
|---|---|---|---|---|---|---|
| | ノ ク ゲ ゲ 冬 色 | | | | | |
| 빛 색 | 色 | | | | | |

> 몹시 놀라 얼굴빛이 하얗게 변하는 것을 이르는 말입니다. 비슷한 한자성어에는 아연실색
> (啞然失色), 혼비백산(魂飛魄散)이 있습니다. 아연실색은 '생각지 못한 일에 얼굴빛이 변
> 할 정도로 크게 놀라다'는 뜻이고 혼비백산은 '넋이 날아가고 흩어진다는 뜻으로, 어찌할
> 바를 모를 만큼 몹시 놀라다'는 뜻이지요.

48

**고사성어의 뜻을 생각하며 따라 써 보세요.**

| 대 | 경 | 실 | 색 | 大 | 驚 | 失 | 色 |
|---|---|---|---|---|---|---|---|
|  |  |  |  |  |  |  |  |

몹시 놀라 얼굴빛이 하얗게 변하다.

 **놀랄 경(驚), 빛 색(色)이 들어가는 어휘와 고사성어를 따라 써 보세요.**

❯ 가로
①대경실색: 몹시 놀라 얼굴빛이 하얗게 변하다.

❯ 세로
②경기: 갑자기 의식을 잃고 경련하는 병. 어린아이에게 주로 나타남.
③안색: 얼굴빛.

**위의 퍼즐을 참고하여 빈칸에 어울리는 어휘와 고사성어를 써 넣으세요.**

**예문 1** 다이아몬드가 감쪽같이 사라져 버렸으니 ⬚⬚⬚⬚ 할 노릇이었다.

**예문 2** 아직 돌도 안 된 아이가 ⬚⬚ 를 일으키듯 발작적으로 울어 대고 있다.

**예문 3** ⬚⬚ 이 창백한 것이 집에 무슨 일이 있는 것은 아닌지 걱정이다.

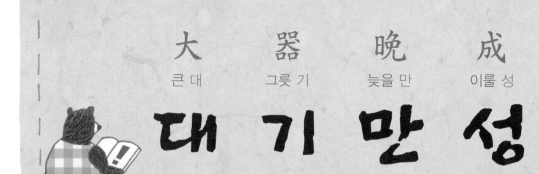

大 器 晚 成
큰 대　　그릇 기　　늦을 만　　이룰 성

# 대 기 만 성

큰 사람이 되려면 많은 노력과 시간이 필요하다.

 **한자의 뜻과 음을 생각하며 따라 써 보세요.**

| 大<br>큰 대 | 一 ナ 大<br>大 |
|---|---|
| 器<br>그릇 기 | 丨 冂 口 吅 吅 罒 哭 哭 哭 罘 器 器 器 器<br>器 |
| 晚<br>늦을 만 | 丨 冂 日 日 日′ 日″ 昭 晄 晚 晚 晚<br>晚 |
| 成<br>이룰 성 | 丿 厂 厂 厈 厉 成 成 成<br>成 |

《노자》에서 유래한 말로, 삼국 시대 위나라에 최염이라는 이름난 장군이 있었는데 그에게는 최림이라는 사촌동생이 있었습니다. 그는 외모도 빈약하고 출세가 늦어 친척들 사이에서도 업신여김을 받았어요. 하지만 최염만은 최림의 재능을 꿰뚫어 보고 "큰 종이나 큰 솥은 그렇게 쉽사리 만들어지는 것이 아니다."라고 말하며 그를 아끼고 도와주었어요. 과연 최림은 훗날 가장 높은 벼슬자리에 올랐다고 합니다.

50

**고사성어의 뜻을 생각하며 따라 써 보세요.**

| 대 | 기 | 만 | 성 | 大 | 器 | 晚 | 成 |
|---|---|---|---|---|---|---|---|
|   |   |   |   |   |   |   |   |

> 큰 사람이 되려면 많은 노력과 시간이 필요하다.

**큰 대(大), 늦을 만(晚), 이룰 성(成)이 들어가는 어휘와 고사성어를 따라 써 보세요.**

❯ 가로
① 대기만성: 큰 사람이 되려면 많은 노력과 시간
이 필요하다.

❯ 세로
① 대학자: 학식이 아주 뛰어나고 업적이 많은 학자.
② 만년: 나이가 들어 늙어 가는 시기.
③ 완성: 완전하게 다 이루다.

**위의 퍼즐을 참고하여 빈칸에 어울리는 어휘와 고사성어를 써 넣으세요.**

예문1 그는 학문의 경지에 든 ☐☐☐ 다웠다.

예문2 인상주의 화가로 잘 알려진 클로드 모네는 ☐☐ 에 백내장으로 시력을 잃었
지만 붓을 끝까지 손에서 놓지 않았다.

예문3 ☐☐☐☐ 이란, '큰 그릇이 ☐☐ 되는 데는 시간이 많이 걸린다'
는 뜻이다.

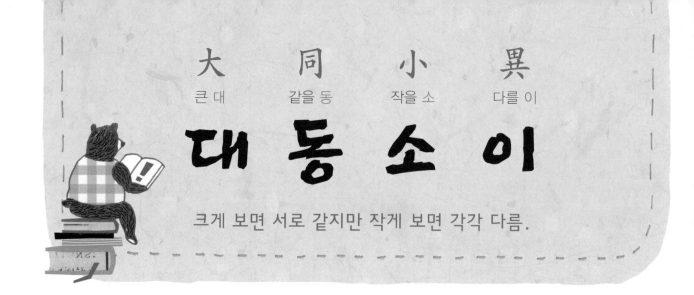

大 同 小 異
큰 대   같을 동   작을 소   다를 이

# 대 동 소 이

크게 보면 서로 같지만 작게 보면 각각 다름.

 **한자의 뜻과 음을 생각하며 따라 써 보세요.**

| 大 큰 대 | 一 ナ 大 |
| | 大 |

| 同 같을 동 | 丨 冂 冂 同 同 同 |
| | 同 |

| 小 작을 소 | 丿 小 小 |
| | 小 |

| 異 다를 이 | 丨 口 田 田 田 旦 里 里 異 異 異 |
| | 異 |

크게는 같고 작게는 다르다는 말로, 크게 보면 서로 같지만 작게 보면 각각 다르다는 뜻입니다. 비슷한 한자성어에는 '오십보백보(五十步百步)'가 있습니다. 오십 보를 도망한 자가 백 보 도망한 자를 비웃는다는 뜻으로, 낮고 못한 차이가 조금은 있어도 본질적으로는 거의 차이가 없다는 뜻입니다.

**고사성어의 뜻을 생각하며 따라 써 보세요.**

| 대 | 동 | 소 | 이 | 大 | 同 | 小 | 異 |
|---|---|---|---|---|---|---|---|
|  |  |  |  |  |  |  |  |

크게 보면 서로 같지만 작게 보면 각각 다름.

 **같을 동(同), 다를 이(異)가 들어가는 어휘와 고사성어를 따라 써 보세요.**

| ①대 | ②동 | 소 | ③이 |
|---|---|---|---|
|  | 질 |  | 질 |
|  | 감 |  | 감 |

▶가로
①대동소이: 크게 보면 서로 같지만 작게 보면 각각 다름.

▼세로
②동질감: 성질이 서로 비슷해서 익숙하거나 잘 맞음.
③이질감: 성질이 서로 달라 낯설거나 잘 맞지 않음.

**위의 퍼즐을 참고하여 빈칸에 어울리는 어휘와 고사성어를 써 넣으세요.**

예문1 도토리들의 키는 모두 [　][　][　][　] 합니다.

예문2 지하철에서 만난 같은 교복을 입은 친구에게 [　][　][　] 을 느껴 먼저 말을 걸었다.

예문3 콘택트렌즈를 꼈더니 눈에 착 달라붙지 않고 [　][　][　] 이 느껴졌다.

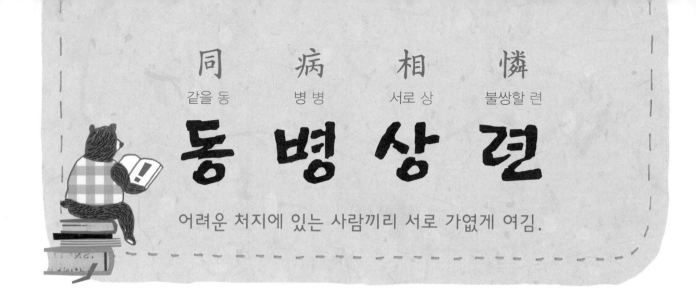

同 病 相 憐
같을 동 　 병 병 　 서로 상 　 불쌍할 련

# 동 병 상 련

어려운 처지에 있는 사람끼리 서로 가엾게 여김.

 **한자의 뜻과 음을 생각하며 따라 써 보세요.**

| 同 같을 동 | 丨 冂 冂 同 同 同 |
| 病 병 병 | 丶 亠 广 疒 疒 疒 疖 病 病 病 |
| 相 서로 상 | 一 十 才 才 朩 机 机 相 相 |
| 憐 불쌍할 련 | 丶 丶 忄 忄 忄 忄 忙 怜 怜 憐 憐 憐 憐 憐 |

《오월춘추》에서 유래한 말로, 초나라 사람이었으나 아버지와 형이 살해당한 뒤 오나라를 섬겨 대부의 자리에까지 오른 오자서는 초나라에서 망명한 백비를 천거하여 함께 정치를 하게 되었습니다. 그때 누군가 "백비를 한 번 보고 왜 그렇게 신용합니까?"라고 물으니 오 자서는 "그것은 그와 내가 같은 원한을 지닌 동병상련(同病相憐)이기 때문이지요."라고 답 했다고 해요.

**고사성어의 뜻을 생각하며 따라 써 보세요.**

| 동 | 병 | 상 | 련 | 同 | 病 | 相 | 憐 |
|---|---|---|---|---|---|---|---|
|  |  |  |  |  |  |  |  |

어려운 처지에 있는 사람끼리 서로 가엾게 여김.

**서로 상(相), 불쌍할 련(憐)이 들어가는 어휘와 고사성어를 따라 써 보세요.**

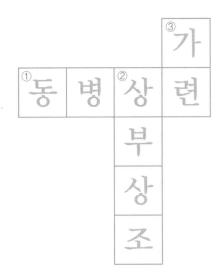

▶ 가 로
① 동병상련: 어려운 처지에 있는 사람끼리 서로
가엾게 여김.

▼ 세 로
② 상부상조: 서로서로 돕는다.
③ 가련: 가엾고 불쌍함.

**위의 퍼즐을 참고하여 빈칸에 어울리는 어휘와 고사성어를 써 넣으세요.**

예문 1 농번기에 집집마다 돌아가며 농사를 돕는 품앗이를 통해 조상들의

　　　　　　정신을 엿볼 수 있다.

예문 2 원하는 회사에 취직을 하지 못한 사람들이 서로 　　　　　을 느끼며
정기적인 모임을 만들어 유익한 정보를 나누고 있다.

예문 3 늙고 병든 개의 처지가 몹시 　　해 보였다.

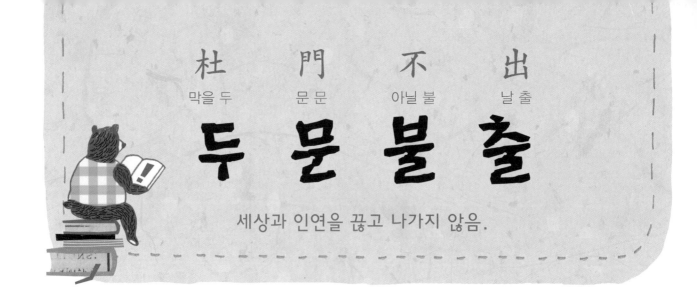

杜 門 不 出
막을 두　　문 문　　아닐 불　　날 출

# 두 문 불 출

세상과 인연을 끊고 나가지 않음.

 **한자의 뜻과 음을 생각하며 따라 써 보세요.**

| 杜 막을 두 | 一 十 十 木 杜 杜 杜 |
| --- | --- |
| | 杜 |

| 門 문 문 | ｜ 冂 冂 冃 門 門 門 門 |
| --- | --- |
| | 門 |

| 不 아닐 불 | 一 ナ 不 不 |
| --- | --- |
| | 不 |

| 出 날 출 | ｜ 屮 屮 出 出 |
| --- | --- |
| | 出 |

문을 막고 나가지 않는다는 뜻으로, 집에 은거하거나 사회의 일이나 관직에 나아가지 않고 집에 은거하는 일을 이르는 말입니다. 경기도 개풍군 광덕산 서쪽의 골짜기인 '두문동(杜門洞)'은 고려 말기의 유신들이, 새 나라인 조선에 반대하여 은거하며 살던 곳으로 유명하지요.

56

**고사성어의 뜻을 생각하며 따라 써 보세요.**

| 두 | 문 | 불 | 출 | 杜 | 門 | 不 | 出 |
|---|---|---|---|---|---|---|---|
|  |  |  |  |  |  |  |  |

세상과 인연을 끊고 나가지 않음.

**문 문(門), 날 출(出)이 들어가는 어휘와 고사성어를 따라 써 보세요.**

| ①두 | ②문 | 불 | ③출 |
|---|---|---|---|
|  | 전 |  | 구 |
|  | 박 |  |  |
|  | 대 |  |  |

**가로**
① 두문불출: 세상과 인연을 끊고 나가지 않음.

**세로**
② 문전박대: '문 전(문앞)에서 박대한다'는 뜻으로 인정없이 모질게 대함을 이르는 말.
③ 출구: 밖으로 나가는 통로.

**위의 퍼즐을 참고하여 빈칸에 어울리는 어휘와 고사성어를 써 넣으세요.**

예문 1 탐관오리들의 횡포에 많은 선비들이 ☐☐☐☐ 한 채 관직에 나아가지 않았다.

예문 2 가난한 흥부는 부자인 형 놀부를 찾아가 도움을 청했으나 인정사정없이 ☐☐☐☐ 를 당했다.

예문 3 건물에 불이 나자 모두 비상 ☐☐ 를 찾기 시작했다.

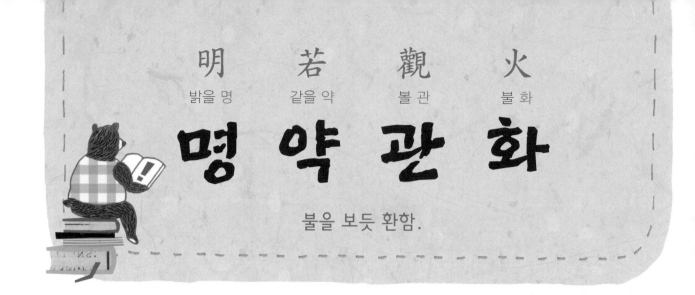

明 若 觀 火
밝을 명   같을 약   볼 관   불 화

# 명 약 관 화

불을 보듯 환함.

 **한자의 뜻과 음을 생각하며 따라 써 보세요.**

| 明 | 丨 冂 冃 日 日¹ 明 明 明 |
|---|---|
| 밝을 명 | 明 |

| 若 | 一 十 十 艹 艹 芏 若 若 |
|---|---|
| 같을 약 | 若 |

| 觀 | 一 十 十 十 艹 芦 芦 节 苩 苩 苩 萉 苩 苩 苩 蒮 蒮 蒮 蒮 蒮 蒮 觀 觀 |
|---|---|
| 볼 관 | 觀 |

| 火 | ` ´ ´` 少 火 |
|---|---|
| 불 화 | 火 |

불을 보는 것 같이 밝게 보인다는 뜻으로, 의심할 여지 없이 매우 분명하다는 말입니다.
비슷한 한자성어에는 명명백백(明明白白)이 있습니다. '의심할 여지가 없이 아주 뚜렷하다'는 뜻이지요.

**고사성어의 뜻을 생각하며 따라 써 보세요.**

명 약 관 화 明 若 觀 火

| | | | | | | | |
|---|---|---|---|---|---|---|---|
| | | | | | | | |

불을 보듯 환함.

**밝을 명(明)이 들어가는 어휘와 고사성어를 따라 써 보세요.**

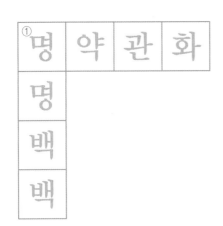

> **가로**
> ① 명약관화: 불을 보듯 환함.

> **세로**
> ① 명명백백: 의심할 여지가 없이 아주 뚜렷하다.

**위의 퍼즐을 참고하여 빈칸에 어울리는 어휘와 고사성어를 써 넣으세요.**

예문 1 특별한 전략 없이는 이번 경기에서 패배할 것이 ⬚⬚⬚⬚ 하다.

예문 2 이것은 네가 범인이라는 ⬚⬚⬚⬚ 한 증거야.

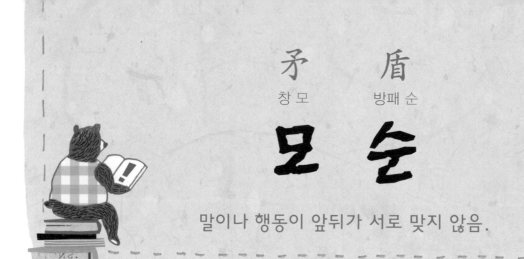

矛 盾
창 모　　방패 순

# 모 순

말이나 행동이 앞뒤가 서로 맞지 않음.

 **한자의 뜻과 음을 생각하며 따라 써 보세요.**

| 矛 창 모 | 丨 丁 丑 予 矛 |
| --- | --- |
| | 矛 |

| 盾 방패 순 | 一 厂 厂 厈 斦 盾 盾 盾 盾 |
| --- | --- |
| | 盾 |

창과 방패라는 뜻으로 말이나 행동의 앞뒤가 서로 맞지 않음을 이르는 말입니다. 중국 전국 시대의 초나라에서, 창과 방패를 파는 상인이 '이 창은 어떤 방패도 꿰뚫을 수 있을 만큼 예리하다. 이 방패는 어떤 창이나 칼로도 꿰뚫지 못한다.'고 자랑하였습니다. 한참 이야기를 듣던 구경꾼이 '그 창으로, 그 방패를 찌르면 어떻게 됩니까?' 하고 물었더니 상인은 아무 말도 못했다고 하는 데서 유래한 말이지요.

**고사성어의 뜻을 생각하며 따라 써 보세요.**

| 모 | 순 | 矛 | 盾 | 모 | 순 | 矛 | 盾 |
|---|---|---|---|---|---|---|---|
|   |   |   |   |   |   |   |   |

> 말이나 행동이 앞뒤가 서로 맞지 않음.

**모순(矛盾)과 비슷한 뜻을 가진 한자성어를 찾아 따라 써 보세요.**

> **가 로**
> ① 자기모순: 스스로의 생각이나 주장이 앞뒤가
> 맞지 않음.

> **세 로**
> ① 자가당착: 같은 사람의 말이나 행동이 앞뒤가
> 맞지 아니하고 모순됨.

**위의 퍼즐을 참고하여 빈칸에 어울리는 어휘와 고사성어를 써 넣으세요.**

예문 1 이 글은 처음 자기 주장을 스스로 부인하는 ☐☐☐☐ 혹은

☐☐☐☐ 에 빠져 있다.

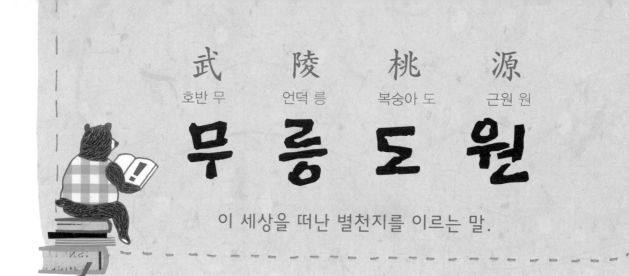

武 陵 桃 源
호반 무　언덕 릉　복숭아 도　근원 원

# 무 릉 도 원

이 세상을 떠난 별천지를 이르는 말.

 **한자의 뜻과 음을 생각하며 따라 써 보세요.**

| 武 호반 무 | 一 二 三 チ 千 댣 武 武 武 |
| 陵 언덕 릉 | フ ワ ⻖ ⻖ ⻖ 些 些 陟 陟 陵 陵 陵 |
| 桃 복숭아 도 | 一 十 オ オ 木 村 村 村 桃 桃 桃 |
| 源 근원 원 | 丶 ㇒ 氵 氵 沪 沪 沪 沪 沪 沪 源 源 源 |

이 세상을 떠난 별천지, 이상향을 뜻하는 말입니다. 도연명의 《도화원기》에 나오는 말로
중국 진나라 때 호남무릉의 한 어부가 복숭아꽃이 핀 수풀로 올라가 굴속에서 진나라의 난
리를 피하여 온 사람들을 만났는데, 하도 살기 좋아 많은 세월이 지난 줄도 모른 채 그곳
에서 살았다는 이야기에서 유래했습니다.

**고사성어의 뜻을 생각하며 따라 써 보세요.**

이 세상을 떠난 별천지를 이르는 말.

**무릉도원(武陵桃源)과 뜻이 같은 어휘를 찾아 따라 써 보세요.**

무릉도원: 이 세상을 떠난 별천지, 즉 이상향을
이르는 말.
유토피아: 인간이 생각할 수 있는 최선의 상태를
갖춘 완전한 이상향.

**위의 퍼즐을 참고하여 빈칸에 어울리는 어휘와 고사성어를 써 넣으세요.**

예문 1  ☐☐☐☐ 는 원래 토마스 모어가 그리스어의 '없는(ou-)', '장소
(toppos)'라는 두 말을 결합하여 만든 용어이며, 동시에 '좋은(eu-)', '장소
(toppos)'라는 뜻을 연상하게 하기도 해요. 도연명의 《도화원기》에 나오는
☐☐☐☐ 과 같이 이상향을 이르는 말이지요.

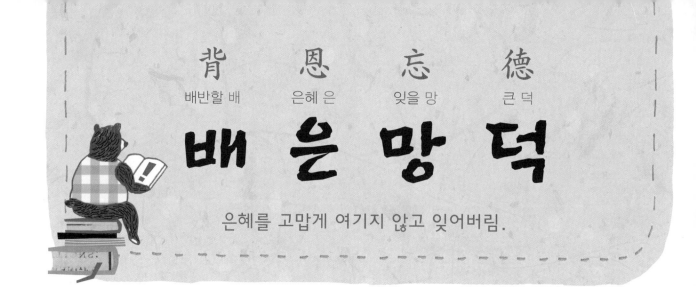

背 恩 忘 德
배반할 배　은혜 은　잊을 망　큰 덕

# 배은망덕

은혜를 고맙게 여기지 않고 잊어버림.

 **한자의 뜻과 음을 생각하며 따라 써 보세요.**

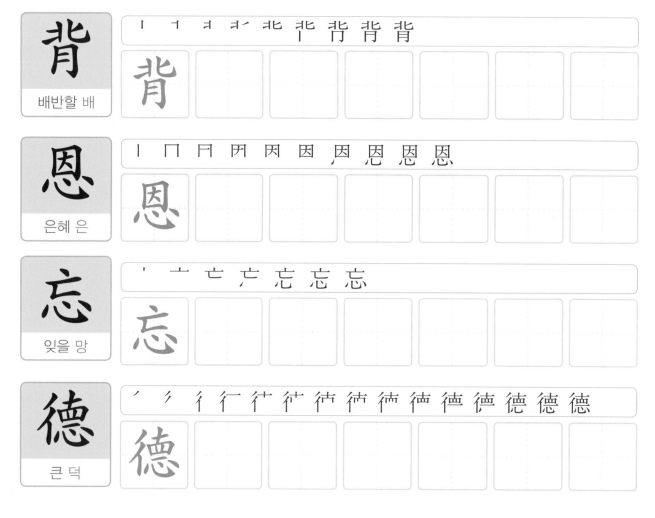

| 背 배반할 배 | ㅣ ㅓ ㅓ ㅓ 北 背 背 背 背 | | | | | |
| --- | --- | --- | --- | --- | --- | --- |
| | 背 | | | | | |

| 恩 은혜 은 | ㅣ ㄲ ㅌ 用 因 因 因 恩 恩 恩 | | | | | |
| --- | --- | --- | --- | --- | --- | --- |
| | 恩 | | | | | |

| 忘 잊을 망 | ㅣ ㅗ ㅗ 忘 忘 忘 忘 | | | | | |
| --- | --- | --- | --- | --- | --- | --- |
| | 忘 | | | | | |

| 德 큰 덕 | ㅣ ㅣ ㅓ ㅓ 行 行 행 행 徳 徳 徳 徳 徳 德 | | | | | |
| --- | --- | --- | --- | --- | --- | --- |
| | 德 | | | | | |

남에게 입은 은덕을 잊고 배반한다는 뜻입니다. 배은망덕(背恩忘德)과 반대의 뜻을 가진 한자성어에는 앞에서 배운 결초보은(結草報恩)과 각골난망(刻骨難忘)이 있습니다. 모두 은혜를 잊지 않는다는 뜻이지요.

**고사성어의 뜻을 생각하며 따라 써 보세요.**

| 배 | 은 | 망 | 덕 | 背 | 恩 | 忘 | 德 |
|---|---|---|---|---|---|---|---|
|   |   |   |   |   |   |   |   |

> 은혜를 고맙게 여기지 않고 잊어버림.

 **배반할 배(背), 잊을 망(忘)이 들어가는 어휘와 고사성어를 따라 써 보세요.**

> **가로**
> ① 배은망덕: 은혜를 고맙게 여기지 않고 잊어버림.
>
> **세로**
> ① 배반: 믿음을 저버리고 돌아섬.
> ② 건망증: 듣거나 본 것을 잘 잊어버리는 증상.

**위의 퍼즐을 참고하여 빈칸에 어울리는 어휘와 고사성어를 써 넣으세요.**

**예문 1** ☐☐☐☐ 도 유분수지, 고맙다고 절을 열 번은 해도 모자랄 판에 어찌 네가 나한테 그런 짓을 할 수 있단 말이냐?

**예문 2** 나는 ☐☐☐ 이 심해 약속 시간을 자주 잊고는 한다.

**예문 3** 축구 대표팀은 '땀'은 자신들을 ☐☐ 하지 않을 거라는 각오로 고된 훈련을 참아 냈다.

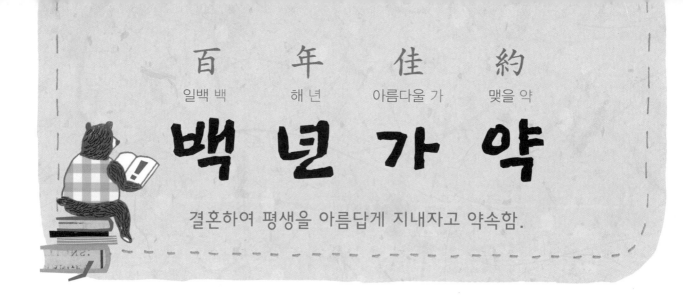

百 年 佳 約
일백 백　　해 년　　아름다울 가　　맺을 약

# 백 년 가 약

결혼하여 평생을 아름답게 지내자고 약속함.

 **한자의 뜻과 음을 생각하며 따라 써 보세요.**

| 百 일백 백 | 一 一 丁 万 百 百 | 百 | | | | | |

| 年 해 년 | 一 一 仁 仨 仨 年 | 年 | | | | | |

| 佳 아름다울 가 | 一 亻 亻 什 什 佳 佳 佳 | 佳 | | | | | |

| 約 맺을 약 | 丶 彡 幺 幺 糸 糸 約 約 | 約 | | | | | |

백 년 동안 함께하자고 맺는 아름다운 약속이란 뜻으로 결혼하여 평생 함께할 것을 맺는 약속을 말하지요. 따라서 '백년가약을 맺는다.'고 하면 결혼을 한다는 의미입니다. 비슷한 뜻을 가진 한자성어에는 백년언약(百年言約), 백년지약(百年之約)이 있지요.

**고사성어의 뜻을 생각하며 따라 써 보세요.**

결혼하여 평생을 아름답게 지내자고 약속함.

**맺을 약(約)이 들어가는 어휘와 고사성어를 따라 써 보세요.**

> **가 로**
> ① 백년가약: **결혼하여 평생을 아름답게 지내자고**
> 약속함.

> **세 로**
> ② 약속: 다른 사람과 앞으로의 일을 어떻게 할
> 것인가 미리 정함.

**위의 퍼즐을 참고하여 빈칸에 어울리는 어휘와 고사성어를 써 넣으세요.**

예문 1 로미오와 줄리엣은 집안의 반대를 무릅쓰고 ☐☐☐☐ 을 맺었다.

예문 2 이번 ☐☐ 은 잊어버리지 않게 시간과 장소를 꼭 메모해 두렴.

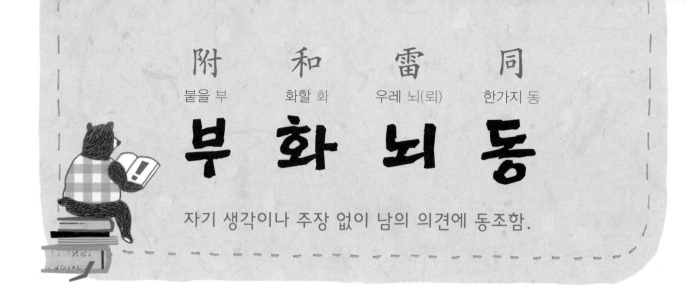

附 和 雷 同
붙을 부　　화할 화　　우레 뇌(뢰)　　한가지 동

# 부 화 뇌 동

자기 생각이나 주장 없이 남의 의견에 동조함.

 **한자의 뜻과 음을 생각하며 따라 써 보세요.**

| 附<br>붙을 부 | ﹁ ﹁ ﹂ 阝 阝 阡 阼 附 附 |
| --- | --- |
| | 附 |

| 和<br>화할 화 | ﹁ ﹁ ﹁ 千 千 禾 和 和 和 |
| --- | --- |
| | 和 |

| 雷<br>우레 뇌(뢰) | ﹁ ﹁ ﹁ 千 雨 雨 雨 雨 雷 雷 雷 雷 雷 |
| --- | --- |
| | 雷 |

| 同<br>한가지 동 | 丨 冂 冂 冋 同 同 |
| --- | --- |
| | 同 |

우레 소리에 맞춰 함께한다는 뜻으로, 뚜렷한 소신 없이 다른 사람이 하는 대로 따라 하는 것을 의미합니다. 반대의 의미를 가진 한자성어에는 초지일관(初志一貫), 독야청청(獨也靑靑) 등이 있습니다. 처음 세운 뜻을 끝까지 밀고 나가는 것을 초지일관, 홀로 절개를 굳건히 지켜 나가는 것을 독야청청이라고 하지요.

## 고사성어의 뜻을 생각하며 따라 써 보세요.

| 부 | 화 | 뇌 | 동 | 附 | 和 | 雷 | 同 |

자기 생각이나 주장 없이 남의 의견에 동조함.

## 화할 화(和), 한가지 동(同)이 들어가는 어휘와 고사성어를 따라 써 보세요.

> 가 로
> ① 부화뇌동: 자기 생각이나 주장 없이 남의 의견에 동조함.

> 세 로
> ② 화답: 시나 노래에 대답함.
> ③ 동조: 남의 주장에 자신의 생각을 일치시키거나 보조를 맞춤.

## 위의 퍼즐을 참고하여 빈칸에 어울리는 어휘와 고사성어를 써 넣으세요.

**예문 1** 그의 구슬픈 노래에 ☐☐ 하듯 힘껏 박수를 쳐 주었다.

**예문 2** 국민들의 ☐☐ 를 얻고 싶다면 정치인들의 솔선수범하는 자세가 필요하다.

**예문 3** 숭어가 뛰니까 망둥이도 뛴다고, 남들이 하니까 줏대 없이 ☐☐☐☐ 하는 태도는 옳지 않다.

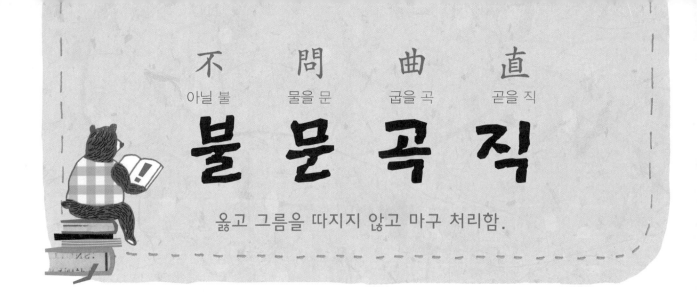

不 問 曲 直
아닐 불　　물을 문　　굽을 곡　　곧을 직

# 불 문 곡 직

옳고 그름을 따지지 않고 마구 처리함.

 **한자의 뜻과 음을 생각하며 따라 써 보세요.**

| 不 아닐 불 | 一 丆 不 不 |
| --- | --- |
| | 不 |

| 問 물을 문 | 丨 冂 冂 冂 冃 門 門 門 門 問 問 |
| --- | --- |
| | 問 |

| 曲 굽을 곡 | 丨 冂 冂 曲 曲 曲 |
| --- | --- |
| | 曲 |

| 直 곧을 직 | 一 十 十 古 吉 吉 直 直 |
| --- | --- |
| | 直 |

불문곡직(不問曲直)은 옳고 그름을 묻지 않는다는 뜻으로 잘잘못을 가리지 않고 마음대로
함부로 일을 처리한다는 말입니다. 이때 곡(曲)은 '굽다'는 뜻으로 '그르다'는 것을 의미해요.
직(直)은 '곧다'는 뜻으로 '옳다, 바르다'는 뜻을 갖고 있지요.

고사성어의 뜻을 생각하며 따라 써 보세요.

| 불 | 문 | 곡 | 직 | 不 | 問 | 曲 | 直 |
|---|---|---|---|---|---|---|---|
|   |   |   |   |   |   |   |   |

> 옳고 그름을 따지지 않고 마구 처리함.

굽을 곡(曲), 곧을 직(直)이 들어가는 어휘와 고사성어를 따라 써 보세요.

▶ 가 로
① 불문곡직: 옳고 그름을 가리지 않고 마구 처리함.

▼ 세 로
② 곡학아세: 그릇된 학문으로 세상을 어지럽히고 사람에게 아첨함.
③ 정직: 거짓 없이 바르고 곧은 마음.

위의 퍼즐을 참고하여 빈칸에 어울리는 어휘와 고사성어를 써 넣으세요.

**예문 1** 부디 바른 학문을 열심히 익혀 세상에 널리 전하도록 하게. 결코

|   |   |   |   | 가 일어나서는 안 될 것이야.

**예문 2** 죄 없는 사람들을 |   |   |   |   | 하고 잡아들이기부터 하다니.

**예문 3** '거짓말은 십 리를 못간다'는 속담처럼 양심을 속이지 않고 |   |   | 하게 사는 것이 중요합니다.

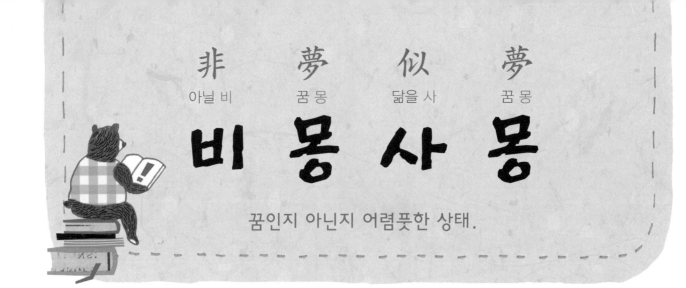

非 夢 似 夢
아닐 비  꿈 몽  닮을 사  꿈 몽

# 비 몽 사 몽

꿈인지 아닌지 어렴풋한 상태.

 **한자의 뜻과 음을 생각하며 따라 써 보세요.**

| 非<br>아닐 비 | ノ ㅣ ㅕ ㅕ ㅕ 爿 非 非 非 |
|---|---|
| | 非 |

| 夢<br>꿈 몽 | 一 十 廿 世 芦 芦 苗 苗 莤 萠 蓂 夢 夢 夢 |
|---|---|
| | 夢 |

| 似<br>닮을 사 | ノ ㅣ ㅓ ㅓ ㅓ 似 似 |
|---|---|
| | 似 |

| 夢<br>꿈 몽 | 一 十 廿 世 芦 芦 苗 苗 莤 萠 蓂 夢 夢 夢 |
|---|---|
| | 夢 |

꿈인 듯도 하고 꿈이 아닌 듯도 한 어렴풋한 상태를 이르는 말입니다. '꿈 몽(夢)'이 들어가는 고사성어에는 '호접지몽(胡蝶之夢)'이 있습니다. 중국의 장자가 꿈에 나비가 되어 즐기는데, 나비가 장자인지 장자가 나비인지 구분하지 못했다는 이야기에서 온 말로, '나와 사물은 결국 하나'라는 뜻을 가진 고사성어지요.

**고사성어의 뜻을 생각하며 따라 써 보세요.**

| 비 | 몽 | 사 | 몽 | 非 | 夢 | 似 | 夢 |
|---|---|---|---|---|---|---|---|
|   |   |   |   |   |   |   |   |

꿈인지 아닌지 어렴풋한 상태.

**꿈 몽(夢)이 들어가는 어휘와 고사성어를 따라 써 보세요.**

> 가로
> ① 비몽사몽: 꿈인지 아닌지 어렴풋한 상태.

> 세로
> ② 해몽: 꿈에 나타난 일을 해석함.

**위의 퍼즐을 참고하여 빈칸에 어울리는 어휘와 고사성어를 써 넣으세요.**

예문 1 꿈보다 ☐☐ 이라더니, 이성계는 불길한 꿈을 좋게 해석해 준 무학대사 덕

분에 자신감을 갖고 조선을 세웠다.

예문 2 그 일은 내가 ☐☐☐☐ 한 사이에 일어났다.

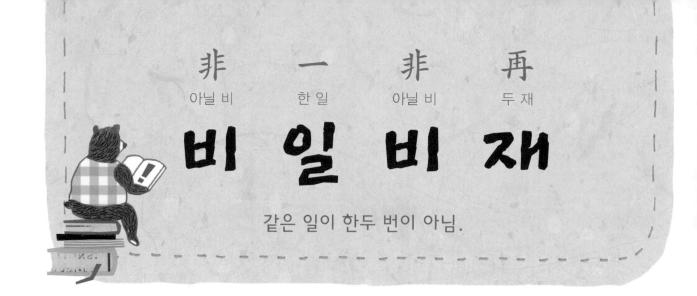

非 一 非 再
아닐 비    한 일    아닐 비    두 재

# 비 일 비 재

같은 일이 한두 번이 아님.

 **한자의 뜻과 음을 생각하며 따라 써 보세요.**

| 非 아닐 비 | ノ ナ ヺ ヺ 非 非 非 非 |
| | 非 | | | | | |

| 一 한 일 | 一 |
| | 一 | | | | | |

| 非 아닐 비 | ノ ナ ヺ ヺ 非 非 非 非 |
| | 非 | | | | | |

| 再 두 재 | 一 �필 ㄲ 吊 吊 再 再 |
| | 再 | | | | | |

하나도 아니요, 둘도 아니라는 뜻으로, 무수히 많다는 의미입니다. 비슷한 뜻을 가진 어휘에는 '많다', '수두룩하다', '흔하다', '빈번하다' 등이 있습니다. 부지기수(不知其數)와 혼동하기 쉬운데, 이는 헤아릴 수 없을 만큼 많다는 뜻이고 비일비재(非一非再)는 같은 현상이나 일이 한두 번이 아니고 많다는 뜻입니다.

**고사성어의 뜻을 생각하며 따라 써 보세요.**

| 비 | 일 | 비 | 재 | 非 | 一 | 非 | 再 |
|---|---|---|---|---|---|---|---|
|  |  |  |  |  |  |  |  |

같은 일이 한두 번이 아님.

**한 일(一), 두 재(再)가 들어가는 어휘와 고사성어를 따라 써 보세요.**

▶ **가로**
① 비일비재: 같은 일이 한두 번이 아님.

▼ **세로**
② 일회용: 한 번 쓰고 버리는 물건.
③ 재수: 한 번 배운 학과 과정을 다시 배움. 특히 입학시험에 떨어진 뒤 다음 시험을 다시 치루기 위해 공부하는 것을 이른다.

**위의 퍼즐을 참고하여 빈칸에 어울리는 어휘와 고사성어를 써 넣으세요.**

**예문 1** 나는 일 년 ⬚⬚ 한 끝에 무난히 원하는 대학에 합격했다.

**예문 2** 지구와 환경을 생각해서라도 ⬚⬚⬚ 접시 등의 사용을 줄여야 한다.

**예문 3** 학교에서 필통이 서로 바뀌는 일이 ⬚⬚⬚⬚ 해 나는 유일무이한 나만의 필통을 만들었다.

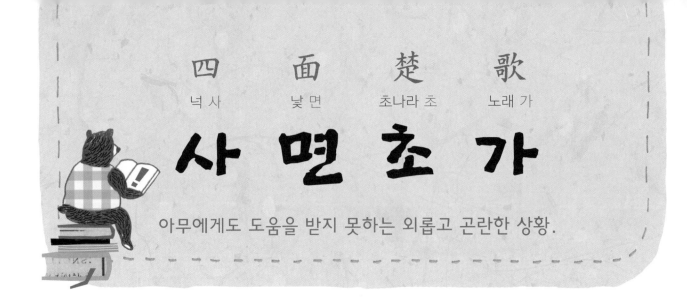

四 面 楚 歌
넉 사　　낮 면　　초나라 초　　노래 가

# 사 면 초 가

아무에게도 도움을 받지 못하는 외롭고 곤란한 상황.

 **한자의 뜻과 음을 생각하며 따라 써 보세요.**

| 四 넉 사 | 丨 冂 冂 四 四 |
| | 四 |

| 面 낮 면 | 一 丆 丆 币 而 而 而 面 |
| | 面 |

| 楚 초나라 초 | 一 十 才 木 朩 村 材 林 棼 棥 棥 楚 楚 |
| | 楚 |

| 歌 노래 가 | 一 丆 可 可 可 可 哥 哥 哥 哥 歌 歌 歌 |
| | 歌 |

《사기》에 나오는 말로 사방에서 들려오는 초나라 노래라는 뜻입니다. 초나라의 항우는 한나라 한신에게 포위당했는데, 한나라 진영에서 들려오는 초나라의 노랫소리를 듣고 초나라 군사가 이미 항복한 줄 알고 탄식했다는 데서 유래했어요. 비슷한 뜻을 가진 한자성어에는 고립무원(孤立無援), 진퇴양난(進退兩難) 등이 있습니다. 진퇴양난은 앞으로 나아가지도 못하고 뒤로 물러나지도 못하는 어려운 처지를 뜻하는 말입니다.

**고사성어의 뜻을 생각하며 따라 써 보세요.**

| 사 | 면 | 초 | 가 | 四 | 面 | 楚 | 歌 |
|---|---|---|---|---|---|---|---|
|  |  |  |  |  |  |  |  |

아무에게도 도움을 받지 못하는 외롭고 곤란한 상황.

**사면초가(四面楚歌)와 비슷한 뜻을 가진 한자성어를 따라 써 보세요.**

| 사 | 면 | 초 | 가 |
|---|---|---|---|

| 고 | 립 | 무 | 원 |
|---|---|---|---|

| 진 | 퇴 | 양 | 난 |
|---|---|---|---|

사면초가: 아무에게도 도움을 받지 못하는 외롭고 곤란한 상황.

고립무원: 아무런 도움도 받지 못한 채 홀로 서 있다.

진퇴양난: 앞으로 나아가지도 못하고 뒤로 물러나지도 못하는 어려운 처지.

**위의 퍼즐을 참고하여 빈칸에 어울리는 어휘와 고사성어를 써 넣으세요.**

**예문 1** 밤새 내린 폭설로 다리가 끊어지고 도로가 눈에 뒤덮여 세상과 떨어진

|  |  |  |  |
|---|---|---|---|

의 상태가 되었다.

**예문 2** 앞으로 나아갈 수도 없고 뒤로 물러설 수도 없고 이러지도 저러지도 못하니,

|  |  |  |  |
|---|---|---|---|

이 아닐 수 없다.

**예문 3** 성 밖에도 적, 성 안에도 적, 그야말로 사방이 적으로 둘러싸인

|  |  |  |  |
|---|---|---|---|

였다.

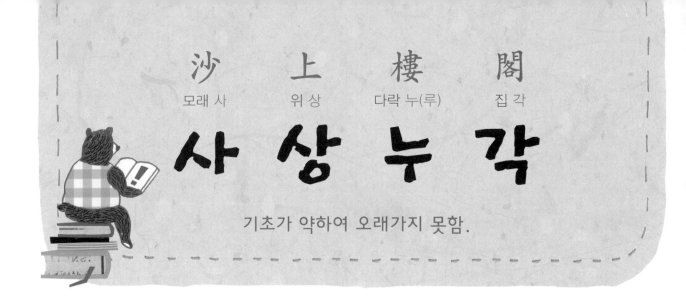

沙　　上　　樓　　閣
모래 사　위 상　다락 누(루)　집 각

# 사 상 누 각

기초가 약하여 오래가지 못함.

 **한자의 뜻과 음을 생각하며 따라 써 보세요.**

| 沙<br>모래 사 | `丶 丶 汀 汀 汈 沙 沙` |
| :---: | :--- |
| | 沙 |

| 上<br>위 상 | `丨 卜 上` |
| :---: | :--- |
| | 上 |

| 樓<br>다락 누(루) | `一 十 十 才 术 术 术 桙 桙 桙 樺 樓 樓 樓` |
| :---: | :--- |
| | 樓 |

| 閣<br>집 각 | `丨 冂 冂 冃 冃 冄 門 門 門 閂 閉 閝 閣 閣` |
| :---: | :--- |
| | 閣 |

모래 위에 세워진 누각이라는 뜻으로, 기초가 튼튼하지 못하면 곧 무너지고 만다는 것을 일깨워 주는 말입니다. 반대의 뜻을 가진 속담에는 '공든 탑이 무너지랴'가 있습니다. 정성과 노력을 다하여 쌓은 공든 탑은 튼튼함을 상징하지요.

**고사성어의 뜻을 생각하며 따라 써 보세요.**

| 사 | 상 | 누 | 각 | 沙 | 上 | 樓 | 閣 |
|---|---|---|---|---|---|---|---|
|   |   |   |   |   |   |   |   |

기초가 약하여 오래가지 못함.

**다락 누(樓), 집 각(閣)이 들어가는 어휘와 고사성어를 따라 써 보세요.**

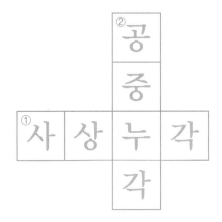

> **가 로**
> ①사상누각: 모래 위에 세운 누각이라는 뜻으로,
> 기초가 약하여 오래가지 못함.

> **세 로**
> ②공중누각: 공중에 떠 있는 누각이라는 뜻으로,
> 근거나 토대가 없는 사물이나 생각.

**위의 퍼즐을 참고하여 빈칸에 어울리는 어휘와 고사성어를 써 넣으세요.**

예문 1 아무리 조감도가 멋지다고 해도 기초 공사가 제대로 되어 있지 않으면

| | | | | 이 되는 것입니다.

예문 2 그 사람의 말은 늘 공중에 떠 있는 | | | | | 처럼 진실성과 현실
성이 없어.

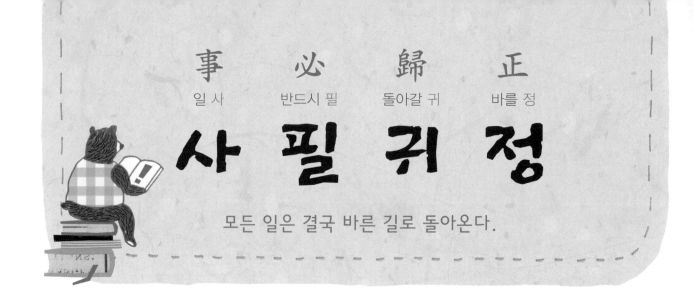

事 必 歸 正
일 사    반드시 필    돌아갈 귀    바를 정

# 사 필 귀 정

모든 일은 결국 바른 길로 돌아온다.

 한자의 뜻과 음을 생각하며 따라 써 보세요.

**事** 일 사

一 戸 戸 戸 写 写 事 事

事

**必** 반드시 필

` ソ 义 必 必

必

**歸** 돌아갈 귀

ノ ｊ ｐ ｐ 皀 皀 皀 皀 皀 皀 皀 皀 皀 皀 皀 皀 歸

歸

**正** 바를 정

一 丁 下 正 正

正

---

처음에는 옳고 그름이나 잘잘못을 가리지 못하여 그릇되더라도 모든 일은 결국에 가서는 반드시 바른 길로 돌아온다는 뜻입니다. 비슷한 뜻을 가진 한자성어에는 인과응보(因果應報)가 있지요. 좋은 일에는 좋은 결과가, 나쁜 일에는 나쁜 결과가 따른다는 말입니다.

**고사성어의 뜻을 생각하며 따라 써 보세요.**

| 사 | 필 | 귀 | 정 | 事 | 必 | 歸 | 正 |
|---|---|---|---|---|---|---|---|
|   |   |   |   |   |   |   |   |

| 모든 일은 결국 바른 길로 돌아온다. |
|---|

**반드시 필(必), 바를 정(正)이 들어가는 어휘와 고사성어를 따라 써 보세요.**

|    ① 사 | ② 필 | 귀 | ③ 정 |
|---|---|---|---|
|   | 수 |   | 답 |

❯ 가 로
① 사필귀정: 모든 일은 결국 바른 길로 돌아온다.

❯ 세 로
② 필수: 꼭 있어야 함.
③ 정답: 옳은 답.

**위의 퍼즐을 참고하여 빈칸에 어울리는 어휘와 고사성어를 써 넣으세요.**

예문 1 자외선이 강한 여름에 선크림이나 모자, 선글라스를 준비하는 것은 [  ][  ] 야.

예문 2 기다리면 반드시 내 누명을 벗고 모든 일이 [  ][  ][  ][  ] 으로 해결될 거야.

예문 3 인생에 [  ][  ] 은 없지만, 정리(正理)는 있다.

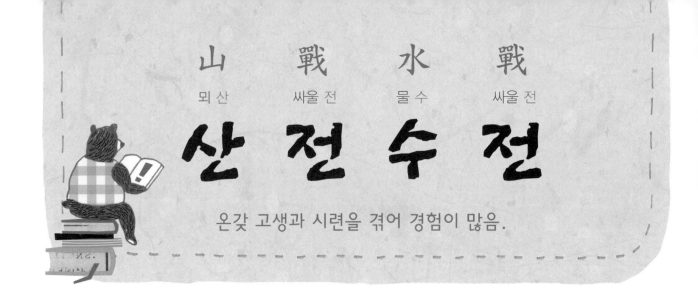

山 戰 水 戰
뫼 산    싸울 전    물 수    싸울 전

# 산 전 수 전

온갖 고생과 시련을 겪어 경험이 많음.

 **한자의 뜻과 음을 생각하며 따라 써 보세요.**

| 山 | ㅣ 山 山 |
|---|---|
| 뫼 산 | 山 |

| 戰 | ㅣ ㅏ ㅏ ㅓ ㅕ ㄸ ㄸ ㄸ 吅 吅 單 單 單 戰 戰 戰 |
|---|---|
| 싸울 전 | 戰 |

| 水 | ㅣ ㅓ ㅓ 水 |
|---|---|
| 물 수 | 水 |

| 戰 | ㅣ ㅏ ㅏ ㅓ ㅕ ㄸ ㄸ ㄸ 吅 吅 單 單 單 戰 戰 戰 |
|---|---|
| 싸울 전 | 戰 |

산에서의 싸움과 물에서의 싸움이라는 뜻으로, 온갖 고난을 겪어 세상일에 경험이 많다는 뜻입니다. 요즘에는 하늘에서의 싸움까지 덧붙여 '산전수전공중전'이라는 말을 사용하기도 해요. 비슷한 뜻의 한자성어에는 백전노장(百戰老將)이 있어요. 많은 전투를 치른 노련한 장수란 뜻으로, 세상일에 경험이 많아 능수능란한 사람을 가리켜요.

**고사성어의 뜻을 생각하며 따라 써 보세요.**

| 산 | 전 | 수 | 전 | 山 | 戰 | 水 | 戰 |
|---|---|---|---|---|---|---|---|
|  |  |  |  |  |  |  |  |

온갖 고생과 시련을 겪어 경험이 많음.

 **싸울 전(戰)이 들어가는 어휘와 고사성어를 따라 써 보세요.**

| ①산 | 전 | 수 | ②전 |
|---|---|---|---|
|  |  |  | 쟁 |

❯ 가로
①산전수전: 온갖 고생과 시련을 겪어 경험이 많음.

❯ 세로
②전쟁: 국가와 국가, 또는 단체 사이에 힘을 이용한 싸움.

**위의 퍼즐을 참고하여 빈칸에 어울리는 어휘와 고사성어를 써 넣으세요.**

예문 1  6·25 ☐☐ 은 1950년부터 1953년까지 남한과 북한이 싸운 ☐☐

으로 미국, 소련, 중국도 참여했으며 다른 이름으로 '한국 ☐☐ '이라고도

불린다.

예문 2  전쟁 통에 부모를 잃고 형제와 헤어져 홀로 ☐☐☐☐ 을 겪은 소녀는

훗날 자신의 이야기를 영화화하여 큰 성공을 거두었다.

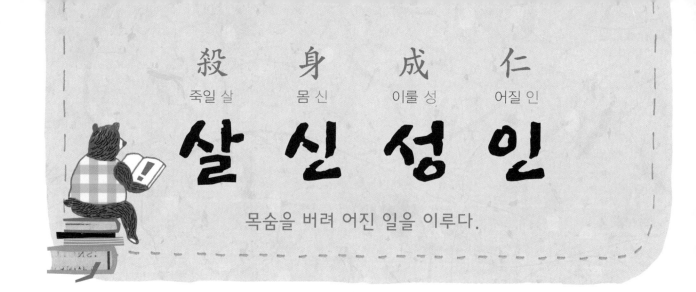

殺　　身　　成　　仁
죽일 살　　몸 신　　이룰 성　　어질 인

# 살 신 성 인

목숨을 버려 어진 일을 이루다.

 **한자의 뜻과 음을 생각하며 따라 써 보세요.**

| 殺<br>죽일 살 | ノ メ ニ ネ 辛 辛 紊 杀 杀 秂 殺 殺<br>殺 | | | | | |

| 身<br>몸 신 | ′ 亻 斤 斤 斤 自 身 身<br>身 | | | | | |

| 成<br>이룰 성 | ） 厂 厂 厂 厉 成 成 成<br>成 | | | | | |

| 仁<br>어질 인 | ′ 亻 仁 仁<br>仁 | | | | | |

자기 몸을 희생하여 인(仁)을 이룬다는 뜻으로, 목숨을 바쳐 도리를 행한다는 의미입니다.
《논어》에서 유래한 말로, 공자께서 "뜻있는 선비와 어진 사람은 살기 위하여 인을 해치는
일이 없고, 오히려 목숨을 바쳐 인을 행하려고 한다."고 말씀하셨다고 해요.

**고사성어의 뜻을 생각하며 따라 써 보세요.**

목숨을 버려 어진 일을 이루다.

 **어질 인(仁)이 들어가는 어휘와 고사성어를 따라 써 보세요.**

> **가로**
> ① 살신성인: 목숨을 버려 어진 일을 이루다.

> **세로**
> ② 인의예지: 사람이 마땅히 갖추어야 할 네 가지 성품으로 어질고, 의롭고, 예의 바르고, 지혜로움을 이른다.

**위의 퍼즐을 참고하여 빈칸에 어울리는 어휘와 고사성어를 써 넣으세요.**

예문 1 사람이 마땅히 갖추어야 할 네 가지 성품으로, 사람을 사랑하고 측은한 사람을 불쌍히 여기는 마음, 의롭지 못한 일을 보면 부끄러워하고 분노하는 마음, 남을 공경하고 양보하는 마음, 옳고 그름을 분별하는 마음을 ☐☐☐☐ 라고 한다.

예문 2 그는 물에 빠진 사람을 구하기 위해 망설임 없이 물에 뛰어드는 ☐☐☐☐ 의 자세를 보였다.

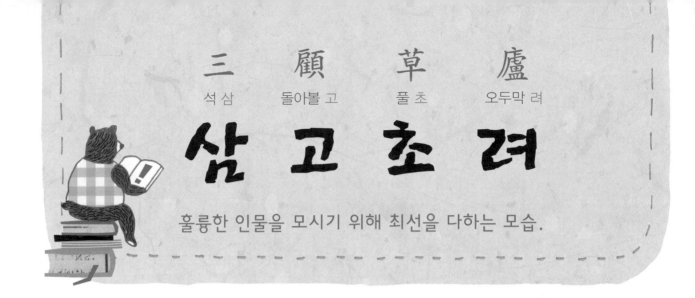

三　顧　草　廬
석 삼　돌아볼 고　풀 초　오두막 려

# 삼 고 초 려

훌륭한 인물을 모시기 위해 최선을 다하는 모습.

 **한자의 뜻과 음을 생각하며 따라 써 보세요.**

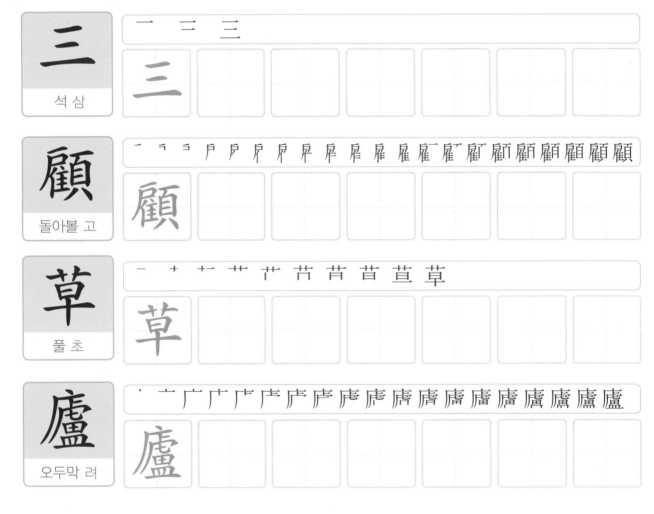

| 三 석 삼 | 一 二 三 |
| --- | --- |
| | 三 |

| 顧 돌아볼 고 | 一 ｱ ｱ ｱ ｱ ｱ ｱ ｱ ｱ ｱ ｱ ｱ 雇 雇 顧 顧 顧 顧 顧 |
| --- | --- |
| | 顧 |

| 草 풀 초 | 一 十 士 士 士 士 芦 芦 昔 草 草 |
| --- | --- |
| | 草 |

| 廬 오두막 려 | ' 一 广 广 广 庐 庐 庐 虎 虎 唐 唐 庸 廬 廬 廬 廬 廬 廬 |
| --- | --- |
| | 廬 |

오두막을 세 번 찾아간다는 뜻으로 훌륭한 인물을 모시기 위해 최선을 다하는 모습을 뜻합니다. 중국 삼국 시대에, 촉한의 유비가 난양에 은거하고 있던 제갈공명의 초가집을 세 번이나 찾아갔다는 데서 유래한 말입니다.

**고사성어의 뜻을 생각하며 따라 써 보세요.**

| 삼 | 고 | 초 | 려 | 三 | 顧 | 草 | 廬 |
|---|---|---|---|---|---|---|---|
|   |   |   |   |   |   |   |   |

> 훌륭한 인물을 모시기 위해 최선을 다하는 모습.

**삼고초려(三顧草廬)와 같은 인물과 배경을 가진 고사성어를 따라 써 보세요.**

| 삼 | 고 | 초 | 려 |
|---|---|---|---|
| 수 | 어 | 지 | 교 |

삼고초려: 훌륭한 인물을 모시기 위해 최선을 다하는 모습.

수어지교: '물과 물고기의 사귐'이라는 뜻으로 임금과 신하, 부부 사이처럼 매우 친밀하여 떨어질 수 없는 사이를 이름.

**위의 퍼즐을 참고하여 빈칸에 어울리는 어휘와 고사성어를 써 넣으세요.**

**예문 1** ☐☐☐☐ 는 '오두막을 세 번 찾아간다'는 뜻으로 인재를 맞기 위해 정성을 들이는 모습을 뜻합니다. 삼국지에서 유비는 제갈공명을 모시기 위해 그의 오두막을 세 번이나 찾아갔다고 하지요.

**예문 2** 유비와 제갈공명의 사이를 관우와 장비가 불평하자, 유비가 그들을 불러 "나와 공명(孔明)은 물과 물고기의 관계다." 하고 답했대요. 여기서 ☐☐☐☐ 라는 말이 생겨났지요.

塞 翁 之 馬
변방 새　늙은이 옹　어조사 지　말 마

# 새 옹 지 마

인생의 길흉화복은 변화가 많아 예측하기 어렵다.

 **한자의 뜻과 음을 생각하며 따라 써 보세요.**

| 塞 변방 새 | ` ' ' 宀 宀 宁 宇 宙 宩 寒 寒 寒 塞` 塞 |
| 翁 늙은이 옹 | ` ﾉ ㅅ ㅆ ㅆ 今 今 翁 翁 翁 翁` 翁 |
| 之 어조사 지 | ` ' ㅗ ㆍ 之` 之 |
| 馬 말 마 | `丨 厂 厂 厈 厈 馬 馬 馬 馬 馬` 馬 |

변방에 사는 노인의 말이라는 뜻이에요. 옛날 중국의 북쪽 변방에 한 노인이 살고 있었는데, 어느 날 노인이 기르던 말이 멀리 달아나 버렸습니다. 그 후에 달아났던 말이 준마 한 필을 끌고 와 훌륭한 말을 얻게 되었으나 아들이 그 준마를 타다가 떨어졌습니다. 사람들이 위로했지만 노인은 태연했습니다. 그 후 전쟁이 일어났으나 다친 아들이 전쟁에 끌려가지 않았다는 데서 길흉화복은 예측하기 어렵다는 뜻의 새옹지마라는 말이 생겨났습니다.

**고사성어의 뜻을 생각하며 따라 써 보세요.**

| 새 | 옹 | 지 | 마 | 塞 | 翁 | 之 | 馬 |
|---|---|---|---|---|---|---|---|
|   |   |   |   |   |   |   |   |

인생의 길흉화복은 변화가 많아서 예측하기가 어렵다.

**새옹지마(塞翁之馬)와 비슷한 고사성어를 따라 써 보세요.**

| 새 | 옹 | 지 | 마 |
|---|---|---|---|

| 전 | 화 | 위 | 복 |
|---|---|---|---|

새옹지마: 인생의 길흉화복은 변화가 많아 예측하기 어렵다.

전화위복: 재앙이 바뀌어 오히려 복이 된다는 말.

**위의 퍼즐을 참고하여 빈칸에 어울리는 어휘와 고사성어를 써 넣으세요.**

예문1 인간만사 모두 [ ][ ][ ][ ] 니, 눈앞에 놓인 결과에만 연연하지 말게.

예문2 전국 시대 6국의 재상을 맡았던 소진은, "일을 잘 처리하는 사람은 화를 바꾸어 복이 되게 하고 실패한 것을 바꾸어 공이 되게 한다. 어떤 불행한 일이라도 끊임없는 노력과 강인한 의지로 힘쓰면 불행을 행복으로 바꾸어 놓을 수 있다"고 했다. 이를 [ ][ ][ ][ ] 이라고 한다.

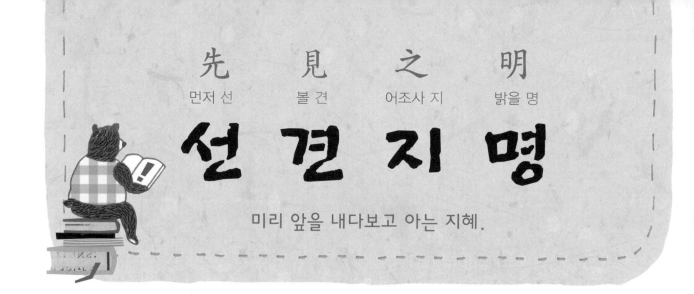

先 見 之 明
먼저 선　　　볼 견　　　어조사 지　　　밝을 명

# 선 견 지 명

미리 앞을 내다보고 아는 지혜.

 **한자의 뜻과 음을 생각하며 따라 써 보세요.**

| 先<br>먼저 선 | ノ 二 牛 牛 先 先 |
| --- | --- |
| | 先 |

| 見<br>볼 견 | l 冂 冂 月 目 目 見 見 |
| --- | --- |
| | 見 |

| 之<br>어조사 지 | ゝ 宀 之 之 |
| --- | --- |
| | 之 |

| 明<br>밝을 명 | l 冂 日 日 明 明 明 明 |
| --- | --- |
| | 明 |

어떤 일이 일어나기 전 미리 앞을 내다보는 지혜를 뜻합니다. 앞날을 먼저 예측하고 예견
하여 그에 대처하는 지혜는 많이 배운다고 얻어지는 것이 아니며 많은 경험을 통해 터득하
게 되는 것이지요. '선견지명을 가지다', '선견지명이 있다' 등으로 쓰입니다.

**고사성어의 뜻을 생각하며 따라 써 보세요.**

| 선 | 견 | 지 | 명 | 先 | 見 | 之 | 明 |
|---|---|---|---|---|---|---|---|
|   |   |   |   |   |   |   |   |

> 미리 앞을 내다보고 아는 지혜.

**볼 견(見)이 들어가는 어휘와 고사성어를 따라 써 보세요.**

▶ 가로
① 선견지명: 전에 미리 앞을 내다보고 아는 지혜.

▼ 세로
② 예견: 미래의 일을 미리 짐작함.

**위의 퍼즐을 참고하여 빈칸에 어울리는 어휘와 고사성어를 써 넣으세요.**

예문 1 그는 매사 똑똑하고 앞날을 내다보는 [　][　][　][　] 이 있어 꼭 성공할 것이다.

예문 2 칠레 북부 해안의 지진은 [　][　] 된 것이었다.

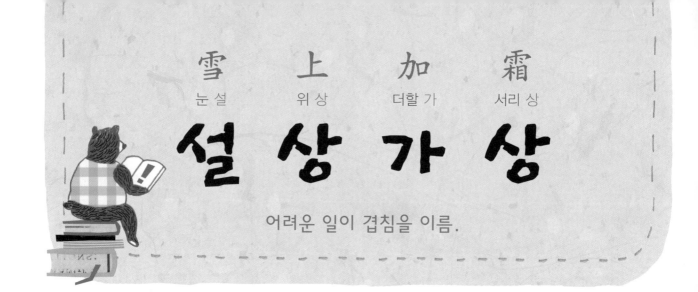

雪　　　上　　　加　　　霜
눈 설　　　위 상　　　더할 가　　　서리 상

# 설 상 가 상

어려운 일이 겹침을 이름.

 **한자의 뜻과 음을 생각하며 따라 써 보세요.**

| 雪 눈 설 | 一 广 广 두 두 重 重 雪 雪 雪 雪 雪 | | | | | |
| --- | --- | --- | --- | --- | --- | --- |
| | 雪 | | | | | |

| 上 위 상 | 丨 卜 上 | | | | | |
| --- | --- | --- | --- | --- | --- | --- |
| | 上 | | | | | |

| 加 더할 가 | フ 力 加 加 加 | | | | | |
| --- | --- | --- | --- | --- | --- | --- |
| | 加 | | | | | |

| 霜 서리 상 | 一 广 广 두 두 重 重 重 重 重 重 霜 霜 霜 霜 霜 | | | | | |
| --- | --- | --- | --- | --- | --- | --- |
| | 霜 | | | | | |

눈 위에 또 서리가 내린다는 뜻으로, 어려운 일이 겹쳐서 일어남을 이릅니다. 반대의 뜻을 가진 한자성어에는 금상첨화(錦上添花)가 있습니다. 금상첨화는 비단 위에 꽃을 더한다는 뜻으로, 좋은 일에 또 좋은 일이 더하여 일어남을 뜻하는 말이에요.

**고사성어의 뜻을 생각하며 따라 써 보세요.**

| 설 | 상 | 가 | 상 | 雪 | 上 | 加 | 霜 |
|---|---|---|---|---|---|---|---|
|  |  |  |  |  |  |  |  |

어려운 일이 겹침을 이름.

**설상가상(雪上加霜)과 반대의 뜻을 가진 고사성어를 따라 써 보세요.**

| 설 | 상 | 가 | 상 |
|---|---|---|---|

| 금 | 상 | 첨 | 화 |
|---|---|---|---|

설상가상: 어려운 일이 겹침을 이름.
금상첨화: 비단 위에 꽃을 더한다는 뜻으로, 좋은 일에 또 좋은 일이 더해진다.

 **위의 퍼즐을 참고하여 빈칸에 어울리는 어휘와 고사성어를 써 넣으세요.**

예문1 원하는 대학에 수석으로 합격하다니 ⬜⬜⬜⬜ 가 따로 없구나.

예문2 약속 시간에 늦었는데 ⬜⬜⬜⬜ 으로 길까지 막혔다.

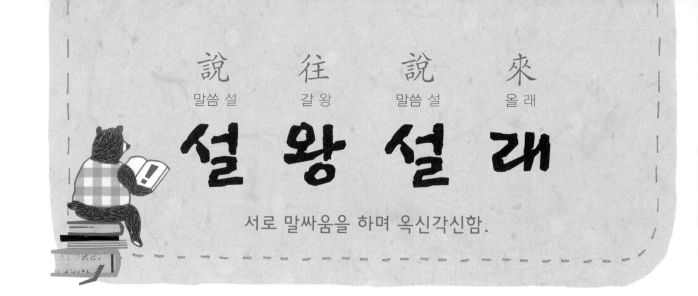

說　往　說　來
말씀 설　갈 왕　말씀 설　올 래

# 설 왕 설 래

서로 말싸움을 하며 옥신각신함.

 **한자의 뜻과 음을 생각하며 따라 써 보세요.**

| 說 말씀 설 | 一 二 言 言 言 言 言 言 訂 訂 說 說 說 說 說 說 |
| 說 | |

| 往 갈 왕 | ´ ´ ´ ´ ´ 彳 彳 彳 行 行 往 |
| 往 | |

| 說 말씀 설 | 一 二 言 言 言 言 言 言 訂 訂 說 說 說 說 說 說 |
| 說 | |

| 來 올 래 | 一 十 十 才 水 水 來 來 |
| 來 | |

> 의견이나 입장이 달라 서로 변론을 주고받으며 옥신각신한다는 뜻의 한자성어예요. 비슷한 한자성어에는 언삼어사(言三語四), 언왕설래(言往說來), 언왕언래(言往言來) 등이 있어요. 말씀 설(設), 말씀 언(言), 말씀 어(語) 등 '말'에 관한 한자가 모두 들어가 있습니다.

**고사성어의 뜻을 생각하며 따라 써 보세요.**

| 설 | 왕 | 설 | 래 | 說 | 往 | 說 | 來 |
|---|---|---|---|---|---|---|---|
|   |   |   |   |   |   |   |   |

서로 말싸움을 하며 옥신각신함.

**갈 왕(往)이 공통으로 들어가는 설왕설래와 비슷한 뜻의 고사성어를 따라 써 보세요.**

> **가로**
> ①설왕설래: 서로 말싸움을 하며 옥신각신함.

> **세로**
> ②언왕언래: 서로 변론을 주고받으며 옥신각신함.

**위의 퍼즐을 참고하여 빈칸에 어울리는 어휘와 고사성어를 써 넣으세요.**

예문 1  건물이 붕괴되는 참사가 일어나자 원인을 두고 각 계층의 사람들이

| | | | | | | | | 말다툼을 벌였다.

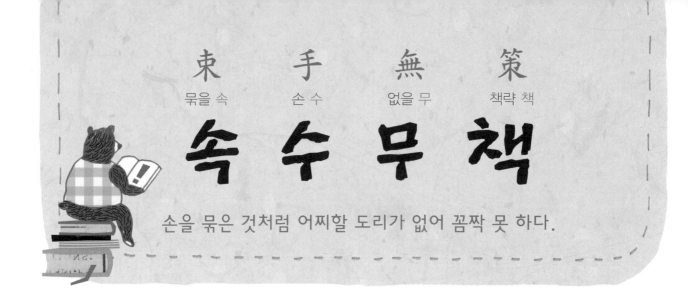

束 手 無 策
묶을 속　손 수　없을 무　책략 책

# 속 수 무 책

손을 묶은 것처럼 어찌할 도리가 없어 꼼짝 못 하다.

 한자의 뜻과 음을 생각하며 따라 써 보세요.

| 束 묶을 속 | 一 厂 后 后 束 束 束 |
| 束 | |

| 手 손 수 | 一 二 三 手 |
| 手 | |

| 無 없을 무 | 一 仁 仁 仨 仨 缸 無 無 無 無 無 無 |
| 無 | |

| 策 책략 책 | ノ ケ ゲ ゲ ゙ 笋 筲 筲 筲 笄 策 策 |
| 策 | |

손을 묶인 듯 꼼짝 못 한다는 의미로, 뻔히 보면서 어찌할 바를 모르고 아무것도 못 한다는 말입니다. '묶다, 결박하다'의 뜻을 가진 속(束)은 구속, 단속, 결속 등의 단어로 활용됩니다.

**고사성어의 뜻을 생각하며 따라 써 보세요.**

| 속 | 수 | 무 | 책 | 束 | 手 | 無 | 策 |
|---|---|---|---|---|---|---|---|
|   |   |   |   |   |   |   |   |

| 손을 묶은 것처럼 어찌할 도리가 없어 꼼짝 못 하다. |
|---|

**손 수(手), 책략 책(策)이 들어가는 어휘와 고사성어를 따라 써 보세요.**

> **가로**
> ① 속수무책: 손을 묶은 것처럼 어찌할 도리가 없
> 어 꼼짝 못 하다.

> **세로**
> ② 수단: 목적을 이루기 위한 방법.
> ③ 책략: 일을 계획하고 이루어 나가는 교묘한 방
> 법.

**위의 퍼즐을 참고하여 빈칸에 어울리는 어휘와 고사성어를 써 넣으세요.**

[예문 1] 우리 가족은 도둑이 물건을 훔쳐 달아나는 모습을 ⬜⬜⬜⬜ 바라보고
만 있었다.

[예문 2] 마지막 생계 ⬜⬜ 마저 잃자 망연자실했다.

[예문 3] 그는 권모술수와 ⬜⬜ 의 대가이다.

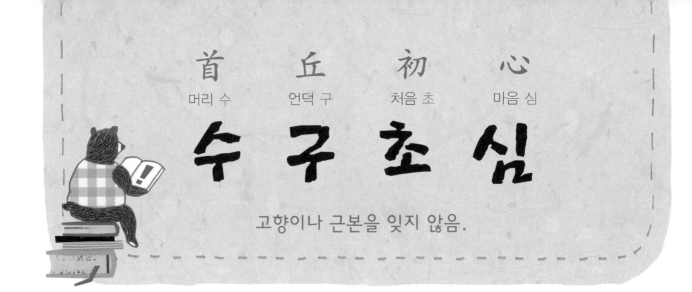

首 丘 初 心
머리 수　　언덕 구　　처음 초　　마음 심

# 수 구 초 심

고향이나 근본을 잊지 않음.

 **한자의 뜻과 음을 생각하며 따라 써 보세요.**

| 首 머리 수 | 丶 丷 丷 产 产 首 首 首 首 |
|---|---|
| | 首 |

| 丘 언덕 구 | 一 厂 斤 斤 丘 |
|---|---|
| | 丘 |

| 初 처음 초 | 丶 ラ ネ ネ ネ ネ 衤 初 初 |
|---|---|
| | 初 |

| 心 마음 심 | 丶 心 心 心 |
|---|---|
| | 心 |

여우가 죽을 때 머리를 자기가 살던 굴 쪽으로 둔다는 뜻으로, 고향이나 근본을 잊지 않고 그리워하는 마음을 이르는 말입니다. 군자가 말하기를 "음악은 그 자연적으로 발생하는 바를 즐기고 예는 그 근본을 잊지 않아야 한다. 여우가 죽을 때 언덕에 머리를 바르게 하는 것은 인(仁)이다."라고 했다는 데서 유래한 한자성어예요.

**고사성어의 뜻을 생각하며 따라 써 보세요.**

| 수 | 구 | 초 | 심 | 首 | 丘 | 初 | 心 |
|---|---|---|---|---|---|---|---|
|  |  |  |  |  |  |  |  |

고향이나 근본을 잊지 않음.

**처음 초(初)가 들어가는 다른 고사성어를 따라 써 보세요.**

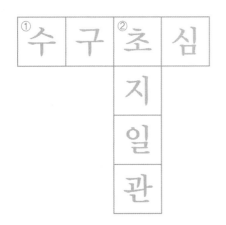

❯ 가로
① 수구초심: 고향이나 근본을 잊지 않음.

❮ 세로
② 초지일관: 처음에 세운 뜻을 끝까지 밀고 나감.

**위의 퍼즐을 참고하여 빈칸에 어울리는 어휘와 고사성어를 써 넣으세요.**

예문1 [ ] [ ] [ ] [ ] 이란 말이 있듯이 짐승도 죽을 때가 되면 자기가 살던 쪽으로 머리를 둔다는데, 나이가 들고 병이 드니 더욱 고향 생각이 나는구나.

예문2 그는 자기가 세운 뜻을 [ ] [ ] [ ] [ ] 밀고 나가 원하는 바를 이루었다.

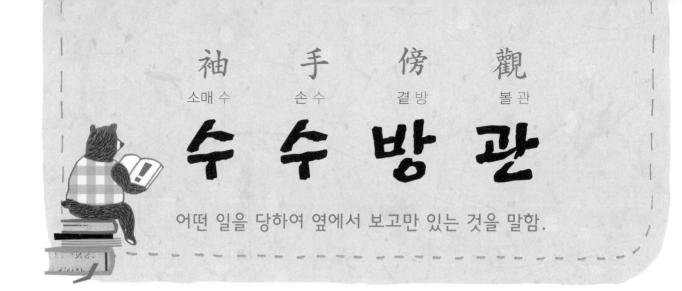

| 袖 소매 수 | 小 袖 소매 수 |

 **한자의 뜻과 음을 생각하며 따라 써 보세요.**

| 袖<br>소매 수 | `丶 ㇀ ㇂ ㇂ ㇁ ㇁ 衤 衤 衤 袖 袖`<br>袖 |
| 手<br>손 수 | `一 二 三 手`<br>手 |
| 傍<br>곁 방 | `丿 亻 亻 亻 广 广 仿 仿 侉 侉 侉 傍 傍`<br>傍 |
| 觀<br>볼 관 | `一 十 土 廿 芏 芽 芽 芽 苜 苜 萨 萨 荓 荓 萯 蓶 雚 雚 雚 雚 雚 觀 觀 觀`<br>觀 |

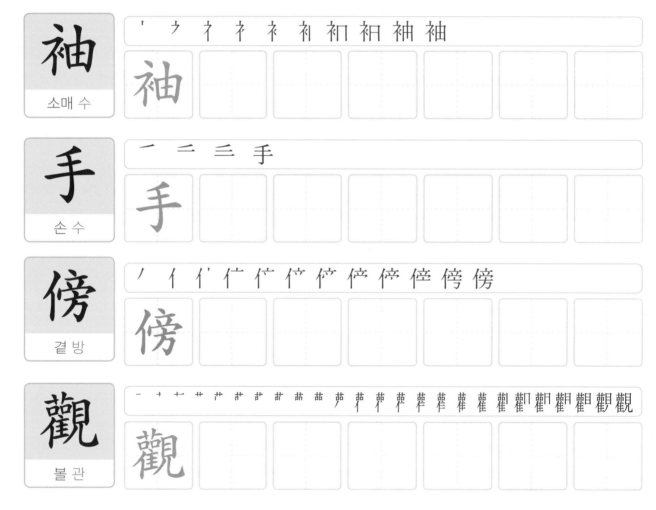

팔짱을 끼고 보고만 있다는 뜻으로, 간섭하거나 거들지 아니하고 그대로 버려둠을 이르는 말이에요. 비슷한 뜻을 가진 한자성어에는 오불관언(吾不關焉)이 있어요. '나는 관여하지 않는다'는 뜻으로 어떤 일에 상관하지 않고 모른 척하는 모습을 가리키는 표현입니다.

100

**고사성어의 뜻을 생각하며 따라 써 보세요.**

| 수 | 수 | 방 | 관 | 袖 | 手 | 傍 | 觀 |
|---|---|---|---|---|---|---|---|
|  |  |  |  |  |  |  |  |

어떤 일을 당하여 옆에서 보고만 있는 것을 말함.

**수수방관(袖手傍觀)과 비슷한 뜻을 가진 고사성어를 따라 써 보세요.**

| 수 | 수 | 방 | 관 |
|---|---|---|---|

| 오 | 불 | 관 | 언 |
|---|---|---|---|

수수방관: 팔짱을 끼고 보고만 있다는 뜻으로, 어떤 일을 당하여 옆에서 보고만 있는 것을 말함.
오불관언: 나는 그 일에 관여하지 않음.

**위의 퍼즐을 참고하여 빈칸에 어울리는 어휘와 고사성어를 써 넣으세요.**

예문1 선생님은 그 동안 우리들의 문제를 알고 있으면서도 팔짱을 긴 채 옆에서 지켜만

보는 ☐☐☐☐ 의 태도를 취했다.

예문2 주민 대표는 쓰레기 매립지 건설 반대에 적극 참여해 주기를 바랐으나 나는 그 문

제에 대해 ☐☐☐☐ 하기로 했다.

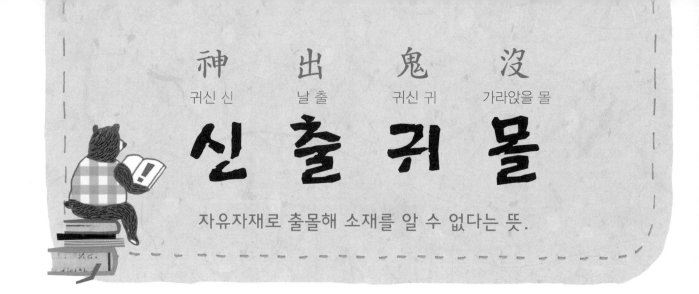

神 出 鬼 沒
귀신 신　　날 출　　귀신 귀　　가라앉을 몰

# 신 출 귀 몰

자유자재로 출몰해 소재를 알 수 없다는 뜻.

 **한자의 뜻과 음을 생각하며 따라 써 보세요.**

| 神 귀신 신 | 一 亍 亍 亓 示 示 和 和 神 神 |
| 神 | |

| 出 날 출 | 丨 屮 屮 出 出 |
| 出 | |

| 鬼 귀신 귀 | 丿 冂 冂 白 甶 甶 尹 鬼 鬼 鬼 |
| 鬼 | |

| 沒 가라앉을 몰 | 丶 丶 氵 氵 沪 沒 沒 |
| 沒 | |

귀신같이 나타났다가 사라진다는 뜻으로, 그 움직임을 쉽게 알 수 없을 만큼 날쌔게 나타나고 사라짐을 빗댄 표현입니다. 비슷한 뜻을 가진 속담에는 '동에 번쩍 서에 번쩍'이 있습니다.

**고사성어의 뜻을 생각하며 따라 써 보세요.**

| 신 | 출 | 귀 | 몰 | 神 | 出 | 鬼 | 沒 |
|---|---|---|---|---|---|---|---|
|  |  |  |  |  |  |  |  |

자유자재로 출몰해 소재를 알 수 없다는 뜻.

**귀신 신(神), 날 출(出), 가라앉을 몰(沒)이 들어가는 어휘와 고사성어를 따라 써 보세요.**

**가로**
① 신출귀몰: 자유자재로 출몰해 소재를 알 수 없다는 뜻.

**세로**
② 귀신: 사람이 죽은 뒤 남는 넋.
③ 출몰: 어떤 현상이 나타났다 사라졌다 함.

**위의 퍼즐을 참고하여 빈칸에 어울리는 어휘와 고사성어를 써 넣으세요.**

**예문1** 사람이 죽은 뒤에 남는 넋을 가리켜 ☐☐ 이라고 해요.

**예문2** 어떤 현상이 나타났다 사라졌다 하는 것을 ☐☐ 이라고 해요.

**예문3** 그는 귀신같이 나타났다가 사라지는 ☐☐☐☐ 한 행동으로 사람들을 깜짝 놀라게 하고는 했다.

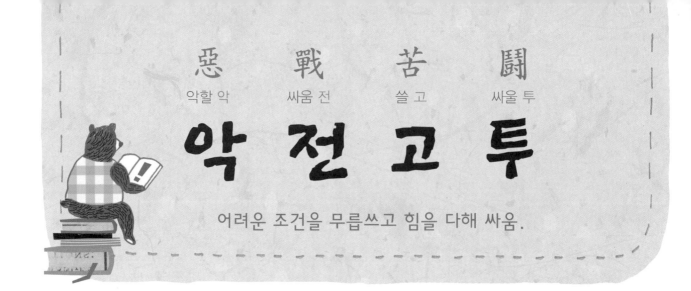

惡 戰 苦 鬪
악할 악　싸움 전　쓸 고　싸울 투

# 악 전 고 투

어려운 조건을 무릅쓰고 힘을 다해 싸움.

 **한자의 뜻과 음을 생각하며 따라 써 보세요.**

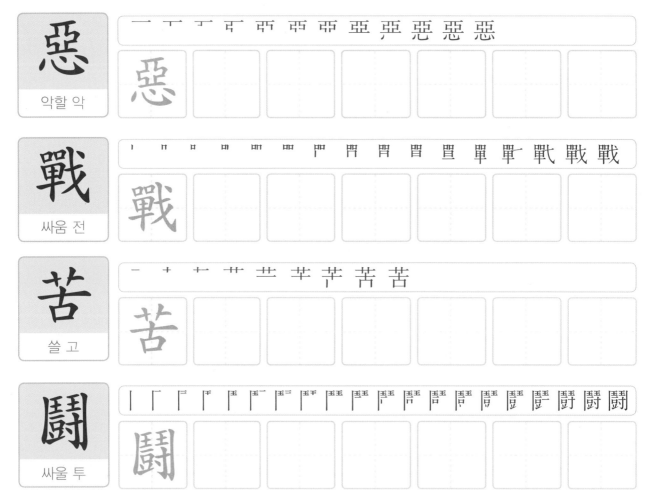

| 惡 악할 악 | 一 丁 下 斤 亞 亞 亞 亞 惡 惡 惡 惡 |
| | 惡 |

| 戰 싸움 전 | 丨 冂 甲 甲 甲 甲 胃 胃 胃 置 單 單 戰 戰 戰 |
| | 戰 |

| 苦 쓸 고 | 一 十 艹 艹 苧 苧 苦 苦 |
| | 苦 |

| 鬪 싸울 투 | 丨 冂 門 門 門 門 鬥 鬥 鬥 鬥 鬥 鬥 鬥 鬥 鬥 鬥 鬪 鬪 鬪 |
| | 鬪 |

어려운 싸움과 괴로운 다툼이라는 뜻으로, 강력한 적을 만나 괴로운 싸움을 하거나 곤란한 상태에서 괴로워하면서도 계속 노력함을 이르는 말입니다. 비슷한 뜻의 한자성어에는 고군분투(孤軍奮鬪)가 있습니다. 다른 사람의 도움을 받지 않고 벅찬 일을 잘 헤쳐 나가는 것을 비유적으로 이르는 말이지요.

**고사성어의 뜻을 생각하며 따라 써 보세요.**

| 악 | 전 | 고 | 투 | 惡 | 戰 | 苦 | 鬪 |
|---|---|---|---|---|---|---|---|
|   |   |   |   |   |   |   |   |

어려운 조건을 무릅쓰고 힘을 다해 싸움.

**악할 악(惡), 싸울 투(鬪)가 들어가는 어휘와 고사성어를 따라 써 보세요.**

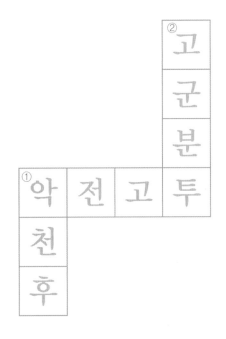

▶ 가로
① 악전고투: 어려운 조건을 무릅쓰고 힘을 다해
싸움.

▽ 세로
① 악천후: 기후가 몹시 나쁨.
② 고군분투: 다른 사람의 도움을 받지 않고 힘에
벅찬 일을 잘해 나감.

**위의 퍼즐을 참고하여 빈칸에 어울리는 어휘와 고사성어를 써 넣으세요.**

예문 1 그는 폭풍이 내리치는 ☐☐☐ 속에서 뱃머리를 돌리기 위해 선실에서

홀로 ☐☐☐☐ 했다.

예문 2 앞이 보이지 않을 정도로 내린 폭설 때문에 우리 가족은 차 안에 갇혀 한 시간을

☐☐☐☐ 했다.

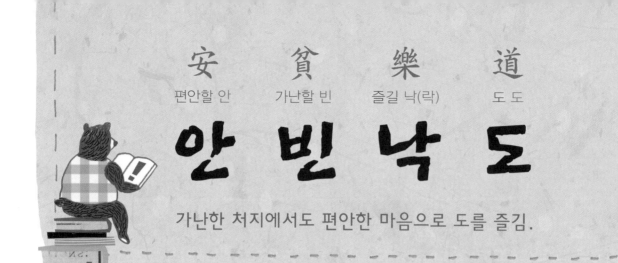

安　　　貧　　　樂　　　道
편안할 안　　가난할 빈　　즐길 낙(락)　　도 도

# 안 빈 낙 도

가난한 처지에서도 편안한 마음으로 도를 즐김.

 **한자의 뜻과 음을 생각하며 따라 써 보세요.**

| 安<br>편안할 안 | `ʻ ʼ ʼ 宀 宊 安 安` |
| --- | --- |
| | 安 |

| 貧<br>가난할 빈 | `ʻ ʼ ハ 今 分 分 �13 夰 贫 贫 貧 貧` |
| --- | --- |
| | 貧 |

| 樂<br>즐길 낙(락) | `ʻ ʼ ŕ 自 白 白 ʻ白 紏 紏 ʼ紏 ʼ紏 紏 ʼ鎙 樂 樂 樂` |
| --- | --- |
| | 樂 |

| 道<br>도 도 | `ʻ ʼ ʼ 产 产 产 首 首 首 ʼ首 ʼ道 道 道` |
| --- | --- |
| | 道 |

안빈낙도는 가난하지만 그것에 구애 받지 않고 편안함을 즐기는 것을 말합니다. 안빈낙도와 비슷한 뜻의 한자성어에는 청빈낙도(淸貧樂道), 안분지족(安分知足)이 있어요. 안분지족은 편안한 마음으로 분수를 지키며 만족한다는 뜻이에요. 모두 가난한 삶 속에서 자연과 도를 즐기는 모습이에요.

**고사성어의 뜻을 생각하며 따라 써 보세요.**

| 안 | 빈 | 낙 | 도 | 安 | 貧 | 樂 | 道 |
|---|---|---|---|---|---|---|---|
|  |  |  |  |  |  |  |  |

가난한 처지에서도 편안한 마음으로 도를 즐김.

**편안할 안(安)과 가난할 빈(貧)이 들어가는 어휘와 고사성어를 따라 써 보세요.**

▶ 가 로
① 안빈낙도: 가난한 처지에서도 편안한 마음으로 도를 즐김.

▼ 세 로
① 안분지족: 편안한 마음으로 분수를 지켜 만족함을 앎.
② 청빈: 재물에 대한 욕심이 없고 성품이 깨끗해 가난함.

**위의 퍼즐을 참고하여 빈칸에 어울리는 어휘와 고사성어를 써 넣으세요.**

예문 1  공자의 제자인 안회는 가난했지만 도를 즐기는 ☐☐☐☐ 를 실천한 사람이야.

예문 2  그는 나물과 물을 먹으며 ☐☐ 한 생활을 한 사람이야.

예문 3  선비들은 제 분수를 지키며 만족하는 ☐☐☐☐ 의 삶을 살았다.

107

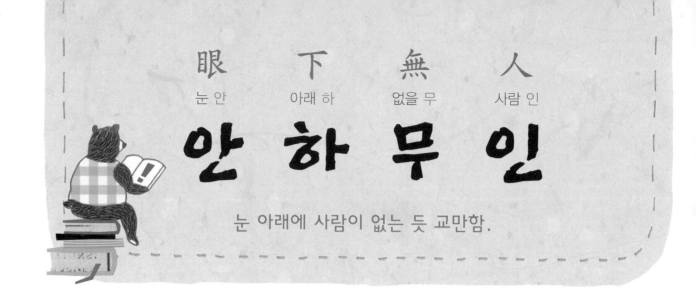

眼 下 無 人
눈 안　아래 하　없을 무　사람 인

# 안 하 무 인

눈 아래에 사람이 없는 듯 교만함.

 **한자의 뜻과 음을 생각하며 따라 써 보세요.**

| 眼<br>눈 안 | 丨 丨丨 刂刂 刂刂 刂目 目刁 目目ㅋ 目ㅋ 眼 眼 眼 眼 |
|---|---|

眼

| 下<br>아래 하 | 一 丁 下 |
|---|---|

下

| 無<br>없을 무 | 丿 一二 一二 一二 一無 一無 無 無 無 無 無 |
|---|---|

無

| 人<br>사람 인 | 丿 人 |
|---|---|

人

안하무인은 눈 아래에 사람이 없다는 말로 몹시 교만하여 다른 사람을 업신여기는 태도를 이르는 말이에요. 안하무인과 같은 말로 안중무인(眼中無人)을 쓰기도 해요. 눈 안에 사람이 없다는 뜻으로 다른 사람이 보이지 않는 태도를 말해요. 안하무인, 안중무인한 사람이 되어서는 안 되겠지요?

**고사성어의 뜻을 생각하며 따라 써 보세요.**

| 안 | 하 | 무 | 인 | 眼 | 下 | 無 | 人 |
|---|---|---|---|---|---|---|---|
|  |  |  |  |  |  |  |  |

눈 아래에 사람이 없는 듯 교만함.

 **눈 안(眼)과 없을 무(無)가 들어가는 어휘와 고사성어를 따라 써 보세요.**

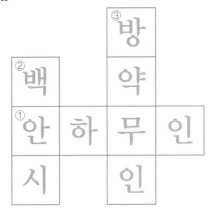

> **가 로**
> ① 안하무인: 눈 아래에 사람이 없는 듯 교만함.

> **세 로**
> ② 백안시: 흰 눈으로 본다는 말로 업신여기면서 흘겨봄.
> ② 방약무인: 곁에 사람이 없는 것처럼 제멋대로 행동함.

**위의 퍼즐을 참고하여 빈칸에 어울리는 어휘와 고사성어를 써 넣으세요.**

**예문 1** 다른 사람은 눈에 보이지도 않나, 저런 ☐☐☐☐ 인 사람이 있다니!

**예문 2** 어른들 앞에서는 곁에 아무도 없는 것처럼 ☐☐☐☐ 하게 행동하는 것은 삼가야 한다.

**예문 3** 자린고비라고 무조건 ☐☐☐ 할 것이 아니라 배울 점도 있어.

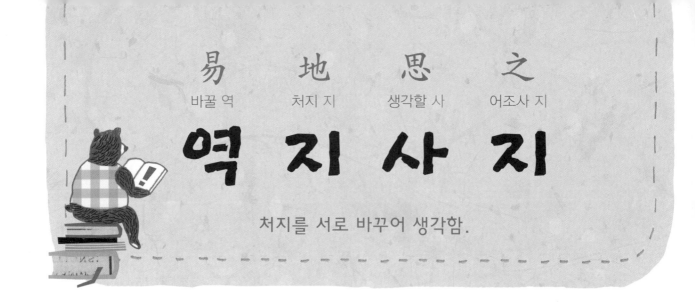

易 地 思 之
바꿀 역　처지 지　생각할 사　어조사 지

# 역 지 사 지

처지를 서로 바꾸어 생각함.

 **한자의 뜻과 음을 생각하며 따라 써 보세요.**

| 易 바꿀 역 | ⎸ �🄵 �cf ⽥ ⽦ 尸 昂 易 易 |
|---|---|
| | 易 |

| 地 처지 지 | 一 十 圡 圠 圤 地 |
|---|---|
| | 地 |

| 思 생각할 사 | ⎸ ⽥ 円 日 冊 田 甩 思 思 思 |
|---|---|
| | 思 |

| 之 어조사 지 | ' 亠 ⼂ 之 |
|---|---|
| | 之 |

역지사지는 처한 자리를 바꾸어 생각해 본다는 말로 다른 사람의 상황에서 생각해 보라는
사자성어입니다. 무슨 일이든 자기에게 이롭게 생각하고 행동하는 것을 뜻하는 '아전인수
(我田引水)'와는 반대되는 말이지요.

**고사성어의 뜻을 생각하며 따라 써 보세요.**

| 역 | 지 | 사 | 지 | 易 | 地 | 思 | 之 |
|---|---|---|---|---|---|---|---|
|   |   |   |   |   |   |   |   |

처지를 서로 바꾸어 생각함.

 **바꿀 역(易)과 생각할 사(思)가 들어가는 어휘와 고사성어를 따라 써 보세요.**

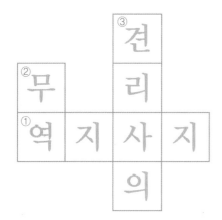

❯ 가로
① 역지사지: 처지를 서로 바꾸어 생각함.

❯ 세로
② 무역: 지방과 지방 사이에 서로 물건을 바꾸어 거래함.
③ 견리사의: 눈 앞의 이익을 보면 먼저 옳은 것을 생각함.

**위의 퍼즐을 참고하여 빈칸에 어울리는 어휘와 고사성어를 써 넣으세요.**

예문1 그 사람도 자신의 사정이 있었겠지. ⬜⬜⬜⬜ 해서 생각해 보면 이해가 될 거야.

예문2 ⬜⬜ 이 활성화되면 우리나라에서 구할 수 없는 물건도 쉽게 얻을 수 있어.

예문3 안중근 의사가 남긴 글씨 중에는 ⬜⬜⬜⬜ 견위수명이라는 말이 있어. 이익을 보면 옳은 것을 생각하고 마땅히 해야할 일에는 목숨을 던진다는 뜻이야.

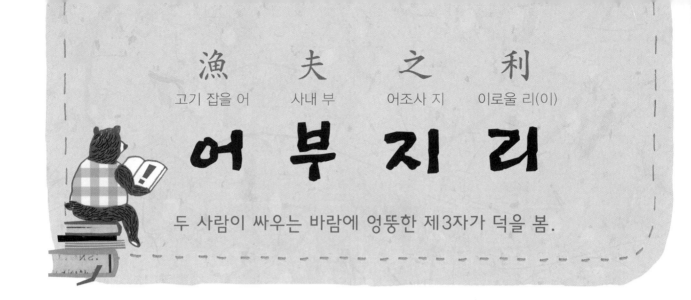

漁　夫　之　利
고기 잡을 어　　사내 부　　어조사 지　　이로울 리(이)

# 어 부 지 리

두 사람이 싸우는 바람에 엉뚱한 제3자가 덕을 봄.

 **한자의 뜻과 음을 생각하며 따라 써 보세요.**

| 漁 | ` ` ` ` ` `氵 氵 沪 沪 沪 渔 渔 渔 渔 漁 漁 |
|---|---|
| 고기 잡을 어 | 漁 |

| 夫 | 一 二 尹 夫 |
|---|---|
| 사내 부 | 夫 |

| 之 | ` 亠 宀 之 |
|---|---|
| 어조사 지 | 之 |

| 利 | ` 二 千 千 禾 利 利 |
|---|---|
| 이로울 리(이) | 利 |

횟새가 입을 벌린 조개를 쪼아 먹으려 하자 조개가 깜짝 놀라 입을 오므렸어요. 둘은 한 쪽이 죽을 때까지 서로 버텼지요. 그러나 이 광경을 본 어부가 힘들이지 않고 두 마리를 모두 가져갔다고 해요. 이 고사에서 비롯된 고사성어입니다. 두 사람이 서로 싸우는 바람에 엉뚱한 사람이 이득을 보는 경우에 쓰는 말이지요. 같은 말로 견토지쟁(犬兔之爭)이 있어요.

**고사성어의 뜻을 생각하며 따라 써 보세요.**

| 어 | 부 | 지 | 리 | 漁 | 夫 | 之 | 利 |
|---|---|---|---|---|---|---|---|
|   |   |   |   |   |   |   |   |

두 사람이 싸우는 바람에 엉뚱한 제3자가 덕을 봄.

**고기 잡을 어(漁)와 어조사 지(之)가 들어가는 어휘와 고사성어를 따라 써 보세요.**

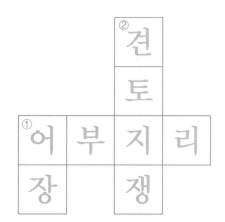

▶가 로
① 어부지리: 두 사람이 싸우는 바람에 엉뚱한 제 3자가 덕을 봄.

▼세 로
① 어장: 고기 잡는 장소라는 뜻으로 어족 자원이 풍부한 장소를 이르는 말.
② 견토지쟁: 개와 토끼의 다툼에 제3자가 이득을 봄.

**위의 퍼즐을 참고하여 빈칸에 어울리는 어휘와 고사성어를 써 넣으세요.**

예문1 앞의 두 선수가 실격하는 바람에 [ ][ ][ ][ ] 로 메달을 획득했다.

예문2 개와 토끼가 서로 쫓다가 기진맥진해진 바람에 둘다 잡힌 [ ][ ][ ][ ]
의 교훈을 생각해서라도 무의미한 싸움은 관두자.

예문3 [ ][ ] 이 안 되려니 해파리만 끓는다.

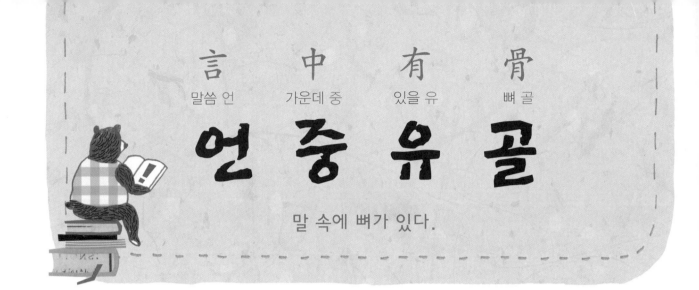

言 中 有 骨
말씀 언　　가운데 중　　있을 유　　뼈 골

# 언 중 유 골

말 속에 뼈가 있다.

 **한자의 뜻과 음을 생각하며 따라 써 보세요.**

| 言<br>말씀 언 | 一 一 三 言 言 言 言<br>言 | | | | | |

| 中<br>가운데 중 | 丨 冂 口 中<br>中 | | | | | |

| 有<br>있을 유 | 一 ナ 才 冇 有 有<br>有 | | | | | |

| 骨<br>뼈 골 | 丨 冂 冂 冎 冎 冎 骨 骨 骨 骨<br>骨 | | | | | |

언중유골은 말 속에 뼈가 있다는 말로 부드러운 말 속에 뼈처럼 딱딱한 핵심이 담겨 있다는 뜻이에요. 얼핏 들으면 농담 같지만 잘 생각해 보면 진심이나 비판적인 말이 들어 있을 때 쓰는 표현입니다.

**고사성어의 뜻을 생각하며 따라 써 보세요.**

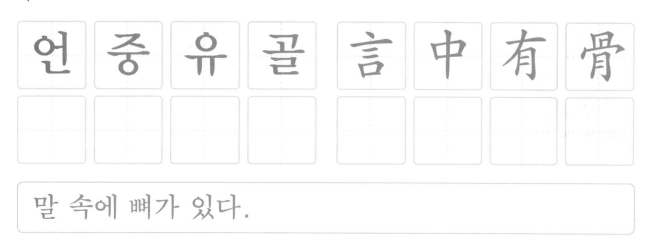

| 언 | 중 | 유 | 골 | 言 | 中 | 有 | 骨 |
|---|---|---|---|---|---|---|---|
|   |   |   |   |   |   |   |   |

말 속에 뼈가 있다.

**말씀 언(言)과 뼈 골(骨)이 들어가는 어휘와 고사성어를 따라 써 보세요.**

❯ 가로
① 언중유골: 말 속에 뼈가 있다.

❯ 세로
① 언쟁: 말로써 옥신각신함.
② 골육상잔: 부모 자식이나 형제, 같은 민족 사이에 서로 싸움.

**위의 퍼즐을 참고하여 빈칸에 어울리는 어휘와 고사성어를 써 넣으세요.**

**예문1** 우리는 한참이나 ☐☐ 을 벌였지만, 결론에 도달할 수가 없었다.

**예문2** 6·25 전쟁은 우리 민족끼리 총을 겨눴던 ☐☐☐☐ 의 아픈 기억이야.

**예문3** 깊이 생각하지 않고 지나친 말인데, 지금 생각하니 말 속에 뼈가 있는

☐☐☐☐ 이었어.

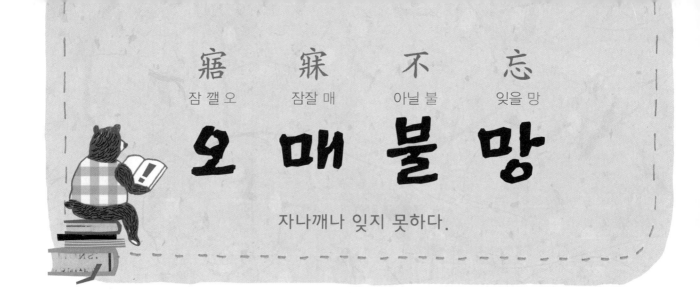

| 寤 잠 깰 오 | 잠 깰 오 | `` ` ´ ゛ 宀 宀 宀 宀 宀 宀 宀 宀 寤 寤 |  |  |  |  |  |
|---|---|---|---|---|---|---|---|
|  |  | 寤 |  |  |  |  |  |

| 寐 잠잘 매 | 잠잘 매 | `` ` ´ ゛ 宀 宀 宀 宀 宀 宀 寐 寐 寐 |  |  |  |  |  |
|---|---|---|---|---|---|---|---|
|  |  | 寐 |  |  |  |  |  |

| 不 아닐 불 | 아닐 불 | 一 フ 不 不 |  |  |  |  |  |
|---|---|---|---|---|---|---|---|
|  |  | 不 |  |  |  |  |  |

| 忘 잊을 망 | 잊을 망 | `` 一 亡 亡 忘 忘 忘 |  |  |  |  |  |
|---|---|---|---|---|---|---|---|
|  |  | 忘 |  |  |  |  |  |

사랑하는 사람을 잊지 못하거나 자꾸 생각날 때 쓰는 오매불망은 자나깨나 잊지 못한다는 뜻입니다. 잠을 못 들고 뒤척인다는 의미의 전전반측(輾轉反側)과 함께 쓰여요. 전전반측은 《시경》에 실려 있는 시에서 유래했는데 원래는 사랑하는 사람을 그리워해 잠 못 드는 경우에 쓰지만, 근심과 생각이 많아 잠 못 들 때도 쓰게 되었어요.

**고사성어의 뜻을 생각하며 따라 써 보세요.**

| 오 | 매 | 불 | 망 | 寤 | 寐 | 不 | 忘 |
|---|---|---|---|---|---|---|---|
|   |   |   |   |   |   |   |   |

자나깨나 잊지 못하다.

 **잊을 망(忘)이 들어가는 어휘와 고사성어를 따라 써 보세요.**

> **가 로**
> ① 오매불망: 자나깨나 잊지 못하다.

> **세 로**
> ② 건망증: 듣거나 본 것을 잘 잊어버리는 증상.


**위의 퍼즐을 참고하여 빈칸에 어울리는 어휘와 고사성어를 써 넣으세요.**

**예문 1** 소녀는 꽃신 사서 오신다던 오빠를 [    ][    ][    ][    ] 기다렸다.

**예문 2** 요즘 [    ][    ][    ] 이 심해져서 손에 들고 있는 물건도 찾지 못하기 일쑤다.

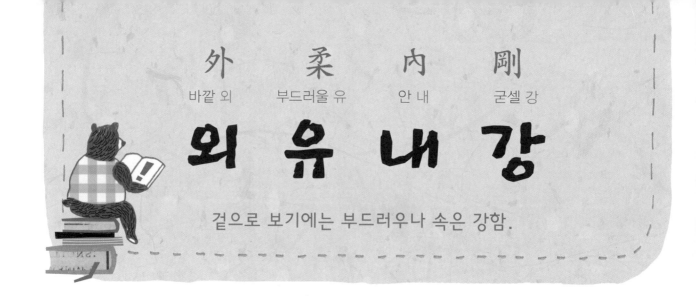

外 柔 内 剛
바깥 외    부드러울 유    안 내    굳셀 강

# 외 유 내 강

겉으로 보기에는 부드러우나 속은 강함.

 한자의 뜻과 음을 생각하며 따라 써 보세요.

| 外 바깥 외 | ノ ク タ 列 外 / 外 | | | | | |

| 柔 부드러울 유 | フ マ ヌ ヲ 平 平 平 矛 矛 柔 / 柔 | | | | | |

| 内 안 내 | 丨 冂 内 内 / 内 | | | | | |

| 剛 굳셀 강 | 丨 冂 冂 冈 罓 罓 冈 岡 岡 剛 剛 / 剛 | | | | | |

외유내강은 겉으로 보기엔 부드럽지만 속은 강하다는 뜻으로 보기와 달리 심성이 꿋꿋하고 단단한 사람을 이르는 말입니다. 순서를 바꾸어 내강외유(內剛外柔)라고도 쓰지요. 반대말은 무엇일까요? 부드러울 유(柔)와 굳셀 강(剛)의 위치를 바꾼 외강내유(外剛內柔)가 반대말입니다.

**고사성어의 뜻을 생각하며 따라 써 보세요.**

| 외 | 유 | 내 | 강 | 外 | 柔 | 內 | 剛 |
|---|---|---|---|---|---|---|---|
|  |  |  |  |  |  |  |  |

겉으로 보기에는 부드러우나 속은 강함.

**부드러울 유(柔)와 굳셀 강(剛)이 들어가는 어휘와 고사성어를 따라 써 보세요.**

> **가로**
> ① 외유내강: **겉으로 보기에는 부드러우나 속은 강함.**

> **세로**
> ② 유약: **몸이나 마음이 약함.**
> ② 강유겸전: **강하고 부드러움을 동시에 갖춤.**

**위의 퍼즐을 참고하여 빈칸에 어울리는 어휘와 고사성어를 써 넣으세요.**

**예문 1** 조선의 고종은 외세에 눌려 왕권을 제대로 발휘하지 못한 〔　　〕한 왕으로 평가 받기도 한다.

**예문 2** 굳센 것이 좋은 것만도 아니고 부드러운 것이 좋은 것만도 아니라
〔　　　　〕한 것이 제일 좋다고 할 수 있지.

**예문 3** 그녀는 여린 외모에도 당찬 말투가 〔　　　　〕한 사람이었다.

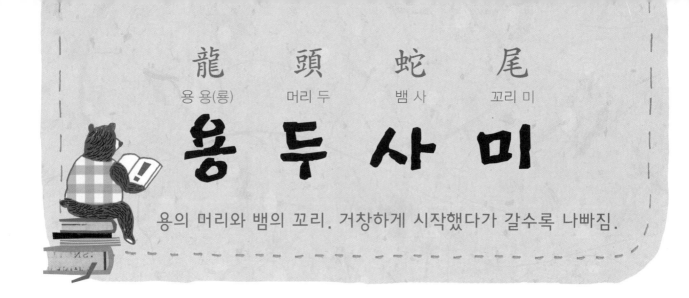

| 龍 | 頭 | 蛇 | 尾 |
|---|---|---|---|
| 용 용(룡) | 머리 두 | 뱀 사 | 꼬리 미 |

# 용 두 사 미

용의 머리와 뱀의 꼬리. 거창하게 시작했다가 갈수록 나빠짐.

 **한자의 뜻과 음을 생각하며 따라 써 보세요.**

**龍**
용 용(룡)
` �542 �542 �542 �542 产 育 育 育 育 肯 首 龍 龍 龍 龍`
龍

**頭**
머리 두
`一 ㄱ ㅋ 百 豆 豆 豆 豇 豇 豇 頭 頭 頭 頭 頭 頭`
頭

**蛇**
뱀 사
`丨 冂 口 中 虫 虫 虫' 虫' 蚅 蛇 蛇`
蛇

**尾**
꼬리 미
`ㄱ ㄱ ㄹ 尸 尸 尼 尾 尾`
尾

용두사미는 용의 머리와 뱀의 꼬리라는 말로 시작은 크고 좋았는데 갈수록 나빠지는 경우를 이르는 사자성어예요. 시작은 야단스러웠는데 막상 뒤에 가 보면 흐지부지되는 경우에 쓰는 말이지요. 용 용(龍)과 뱀 사(蛇)를 서로 대비시켰네요. 용두사미가 되지 않도록 무슨 일이든 처음 결심을 끝까지 가져가야겠지요?

**고사성어의 뜻을 생각하며 따라 써 보세요.**

| 용 | 두 | 사 | 미 | 龍 | 頭 | 蛇 | 尾 |
|---|---|---|---|---|---|---|---|
|   |   |   |   |   |   |   |   |

> 용의 머리와 뱀의 꼬리. 거창하게 시작했다가 갈수록 나빠짐.

**용 용(龍)과 뱀 사(蛇)가 들어가는 어휘와 고사성어를 따라 써 보세요.**

> **가 로**
> ① 용두사미: 용의 머리와 뱀의 꼬리. 거창하게 시작했다가 갈수록 나빠짐.

> **세 로**
> ② 등용문: 용문에 오른다, 즉 오르기만 하면 용이 되는 출세의 관문을 말함.
> ② 사족: 뱀의 다리라는 뜻으로 불필요한 것을 덧붙여 도리어 잘못된 경우에 씀.

**위의 퍼즐을 참고하여 빈칸에 어울리는 어휘와 고사성어를 써 넣으세요.**

**예문 1** 과거 제도는 조선 시대 관료가 되기 위한 ⬚⬚⬚ 이다.

**예문 2** 더 덧붙이면 ⬚⬚ 이 될 수 있으니 여기서 끝내겠다.

**예문 3** 매일 운동한다고 운동화만 사 놓고 ⬚⬚⬚⬚ 로 끝나 버렸군.

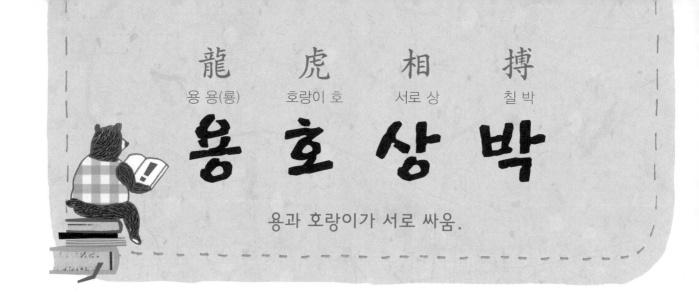

龍　虎　相　搏
용 용(롱)　호랑이 호　서로 상　칠 박

# 용 호 상 박

용과 호랑이가 서로 싸움.

 **한자의 뜻과 음을 생각하며 따라 써 보세요.**

| 龍<br>용 용(롱) | ` ㅗ ㅗ ㅗ 产 产 音 音 肯 背 背 龍 龍 龍 龍`<br>龍 |
|---|---|

| 虎<br>호랑이 호 | ` ` ⺊ ㇗ 广 产 虏 虎 虎`<br>虎 |
|---|---|

| 相<br>서로 상 | `一 十 才 木 相 相 相 相 相`<br>相 |
|---|---|

| 搏<br>칠 박 | `一 寸 扌 扩 扩 折 折 捕 捕 捕 搏 搏`<br>搏 |
|---|---|

용호상박은 용과 호랑이가 서로 싸운다는 뜻으로 우열을 가릴 수 없는 강자가 싸우는 경우에 쓰는 말이에요. 삼국지의 조조를 용에, 마초를 범에 비유하기도 해요. 두 영웅은 관중의 패권을 두고 격렬하게 싸웠지요. 이렇듯, 힘이 비슷하게 강한 사람이나 나라가 싸울 때 용호상박이라고 해요. 비슷한 말로 양웅상쟁(兩雄相爭)이 있어요.

**고사성어의 뜻을 생각하며 따라 써 보세요.**

| 용 | 호 | 상 | 박 | 龍 | 虎 | 相 | 搏 |
|---|---|---|---|---|---|---|---|
|  |  |  |  |  |  |  |  |

용과 호랑이가 서로 싸움.

**호랑이 호(虎)와 서로 상(相)이 들어가는 어휘와 고사성어를 따라 써 보세요.**

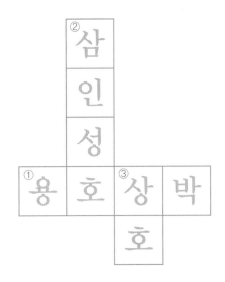

> **가로**
> ① 용호상박: 용과 호랑이가 서로 싸움.

> **세로**
> ② 삼인성호: 세 사람의 말이 모이면 없던 호랑이도 만들어 냄.
> ③ 상호: 이쪽과 저쪽 모두 서로서로.

**위의 퍼즐을 참고하여 빈칸에 어울리는 어휘와 고사성어를 써 넣으세요.**

**예문 1** 고구려, 백제, 신라는 [　][　] 협력하거나 경쟁하며 발전했다.

**예문 2** [　][　][　][　] 라더니, 금세 그 연예인에 대한 소문이 사실처럼 퍼졌다.

**예문 3** 두 영웅이 서로 맞서니, [　][　][　][　] 이로구나.

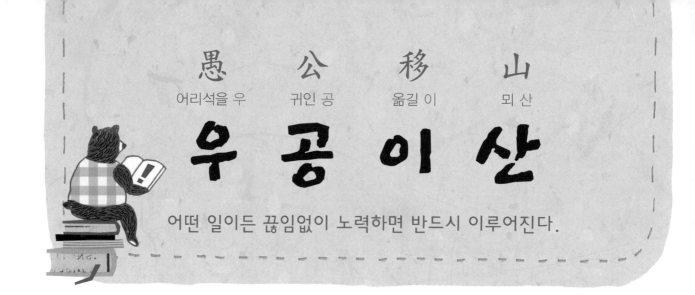

愚　公　移　山
어리석을 우　귀인 공　옮길 이　뫼 산

# 우 공 이 산

어떤 일이든 끊임없이 노력하면 반드시 이루어진다.

 **한자의 뜻과 음을 생각하며 따라 써 보세요.**

| 愚 어리석을 우 | 丨 冂 冃 吊 吊 吊 禺 禺 禺 禺 禺 愚 愚 愚 |
| --- | --- |
| | 愚 |

| 公 귀인 공 | 丿 八 八 公 公 |
| --- | --- |
| | 公 |

| 移 옮길 이 | 丿 二 千 千 禾 禾 秒 移 移 移 移 |
| --- | --- |
| | 移 |

| 山 뫼 산 | 丨 山 山 |
| --- | --- |
| | 山 |

옛날 우공이라는 노인이 집 앞을 가로막은 산을 옮겨야겠다고 자식과 함께 흙을 퍼서 지게로 옮겼어요. 대대로 해 나가다 보면 언젠가는 산이 옮겨질 것이라는 우공에게 감동한 하늘이 산을 옮겨주었다는 데서 유래한 고사성어예요. 어리석어 보일지라도 우직하게 한 길로만 가면 언젠가는 성공할 수 있다는 뜻으로 쓰여요.

**고사성어의 뜻을 생각하며 따라 써 보세요.**

| 우 | 공 | 이 | 산 | 愚 | 公 | 移 | 山 |
|---|---|---|---|---|---|---|---|
|  |  |  |  |  |  |  |  |

어떤 일이든 끊임없이 노력하면 반드시 이루어진다.

🪨 **어리석을 우(愚)와 옮길 이(移), 뫼 산(山)이 들어가는 어휘와 고사성어를 따라 써 보세요.**

```
              ②전
        ①우  공  이  ③산
            문          중
            현          호
            답          걸
```

▶ 가로
① 우공이산: 어떤 일이든 끊임없이 노력하면 반드시 이루어진다.

🔽 세로
① 우문현답: 어리석은 질문에 현명한 대답.
② 전이: 자리나 위치를 다른 곳으로 옮김.
③ 산중호걸: 산 속에 사는 호걸이라는 말로 호랑이를 지칭함.

👄 **위의 퍼즐을 참고하여 빈칸에 어울리는 어휘와 고사성어를 써 넣으세요.**

예문 1 암이 다른 장기로 [　][　] 되기 전에 수술을 해야 한대.

예문 2 멋진 대답이야. 그야말로 [　][　][　][　] 이네.

예문 3 동요 [　][　][　][　] 은 호랑이의 생일 이야기가 재미있는 가사로 나와.

예문 4 [　][　][　][　] 이니, 언젠가는 이 연구가 빛을 볼 거야.

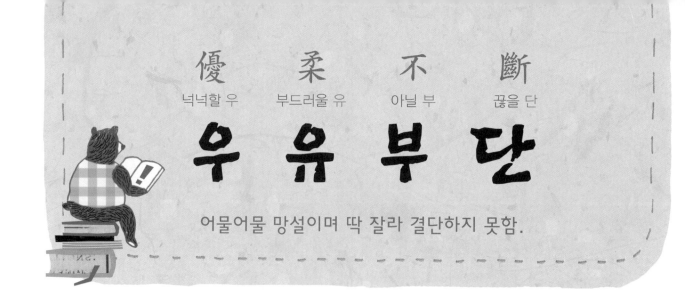

| 優 柔 不 斷 |
| --- |
| 넉넉할 우  부드러울 유  아닐 부  끊을 단 |

# 우 유 부 단

어물어물 망설이며 딱 잘라 결단하지 못함.

 **한자의 뜻과 음을 생각하며 따라 써 보세요.**

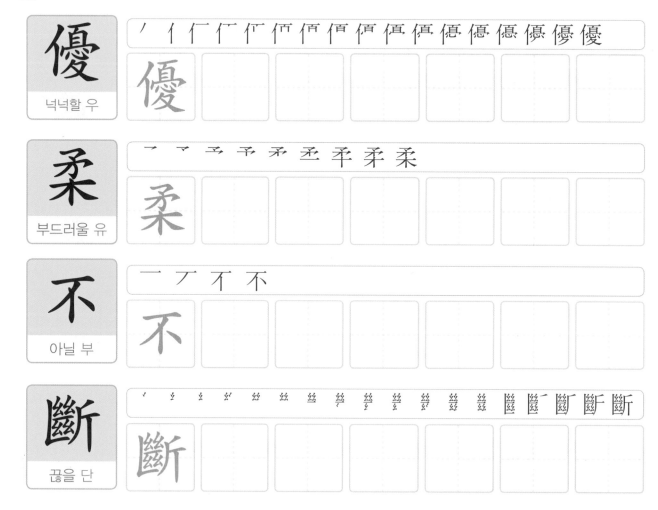

| 優<br>넉넉할 우 | ノ イ イ イ゙ イ゙ イ゙ 俨 俨 俨 值 值 憂 憂 憂 優 優 |
| --- | --- |
| | 優 |

| 柔<br>부드러울 유 | 一 フ マ 予 矛 矛 柔 柔 柔 |
| --- | --- |
| | 柔 |

| 不<br>아닐 부 | 一 ア 不 不 |
| --- | --- |
| | 不 |

| 斷<br>끊을 단 | ' ' ' ' ' ' ' ' ' ' ' ' ' ' ' ' ' ' ' ' 斷 斷 斷 斷 斷 斷 |
| --- | --- |
| | 斷 |

우유부단은 마음이 부드럽고 약해서 끊지를 못한다는 뜻으로 무언가를 결정하거나 실행할
때 과감하지 못하고 오래 망설이는 사람에게 쓰는 말입니다. 결단력이 부족해서 어물거리
는 모습이지요. '우유부단한 성격'이라고 많이 표현해요.

**고사성어의 뜻을 생각하며 따라 써 보세요.**

| 우 | 유 | 부 | 단 | 優 | 柔 | 不 | 斷 |
|---|---|---|---|---|---|---|---|
|  |  |  |  |  |  |  |  |

어물어물 망설이며 딱 잘라 결단하지 못함.

**부드러울 유(柔), 끊을 단(斷)이 들어가는 어휘와 고사성어를 따라 써 보세요.**

▶ 가 로
① 우유부단: 어물어물 망설이며 딱 잘라 결단하지 못함.

▼ 세 로
② 온유: 성격이나 태도가 온화하고 부드러움.
② 단금지계: 쇠라도 자를 듯 굳은 약속. 친구 간의 매우 깊은 우정을 말함.

**위의 퍼즐을 참고하여 빈칸에 어울리는 어휘와 고사성어를 써 넣으세요.**

예문 1  난 [　][　][　][　] 한 성격이라 뭐든 결정하는데 오래 걸린다.

예문 2  두 사람은 서로 [　][　][　][　] 의 정을 나눈 친구 사이였다.

예문 3  [　][　] 한 말투의 그 아주머니가 무척 그립다.

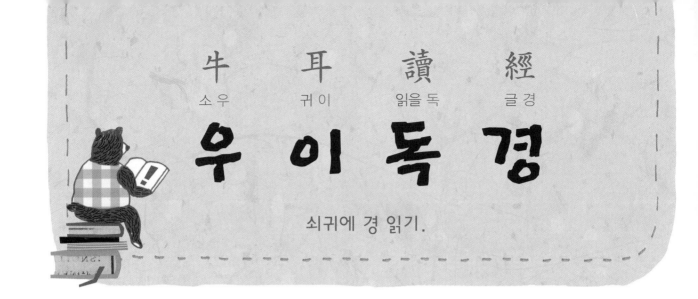

| 牛<br>소 우 | ノ ┌ ┌ ┴ 牛 |  |  |  |  |  |
|---|---|---|---|---|---|---|
|  | 牛 |  |  |  |  |  |

| 耳<br>귀 이 | 一 丌 丌 丌 耳 耳 |  |  |  |  |  |
|---|---|---|---|---|---|---|
|  | 耳 |  |  |  |  |  |

| 讀<br>읽을 독 | 讀 |  |  |  |  |  |
|---|---|---|---|---|---|---|
|  | 讀 |  |  |  |  |  |

| 經<br>글 경 | 經 |  |  |  |  |  |
|---|---|---|---|---|---|---|
|  | 經 |  |  |  |  |  |

우이독경은 '쇠귀에 경 읽기'라는 속담과 같은 뜻으로 우둔한 사람은 아무리 알려 주고 가르쳐 주어도 알아듣지 못하는 것을 이르는 말이에요. 비슷한 말로 마이동풍(馬耳東風)이 있어요. 봄 바람이 말 귀에 불어도 느끼는 낌새가 없다는 뜻으로 둘 다 남의 의견이나 충고를 귀담아 듣지 않고 흘려버리는 것을 말해요.

**고사성어의 뜻을 생각하며 따라 써 보세요.**

| 우 | 이 | 독 | 경 | 牛 | 耳 | 讀 | 經 |
|---|---|---|---|---|---|---|---|
| | | | | | | | |

쇠귀에 경 읽기.

**읽을 독(讀)과 글 경(經)이 들어가는 어휘와 고사성어를 따라 써 보세요.**

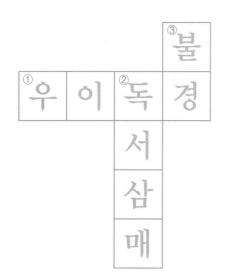

> **가로**
> ① 우이독경: 쇠귀에 경 읽기.

> **세로**
> ② 독서삼매: 책 읽기에 빠져 다른 생각 없이 골몰해 있는 상태.
> ③ 불경: 불교의 교리를 적어 놓은 경전.

**위의 퍼즐을 참고하여 빈칸에 어울리는 어휘와 고사성어를 써 넣으세요.**

예문 1 몇 번을 말해도 모르니 ☐☐☐☐ 이 따로 없네.

예문 2 ☐☐☐☐ 에 빠져 엄마가 부르시는 줄도 모르고 책을 보았다.

예문 3 ☐☐ 읽는 소리만 울려 퍼지는 깊은 산중 절이었다.

129

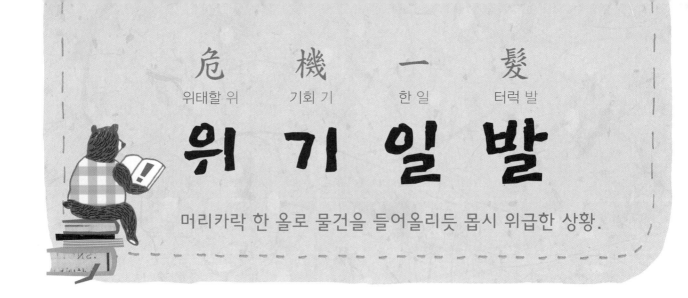

危 機 一 髮
위태할 위  기회 기  한 일  터럭 발

# 위 기 일 발

머리카락 한 올로 물건을 들어올리듯 몹시 위급한 상황.

 **한자의 뜻과 음을 생각하며 따라 써 보세요.**

| 危 | ノ ク ヶ 产 产 危 |
| 위태할 위 | 危 |

| 機 | 一 十 才 木 杧 杧 桴 桴 桴 梼 梼 梼 機 機 機 |
| 기회 기 | 機 |

| 一 | 一 |
| 한 일 | 一 |

| 髮 | I F F F 토 토 토 토 토 髟 髟 髟 髮 髮 |
| 터럭 발 | 髮 |

머리카락 한 올로 무거운 물건을 들어올린다는 뜻으로 당장에라도 끊어질 듯한 위험한 순
간을 이르는 말입니다. 터럭 발(髮)은 터럭, 즉 머리털을 말합니다. 몸에 난 털에는 모두
이 글자를 쓸 수 있어요. 가발, 모발, 장발, 삭발 등 여러 단어에서 씁니다.

**고사성어의 뜻을 생각하며 따라 써 보세요.**

| 위 | 기 | 일 | 발 | 危 | 機 | 一 | 髮 |

머리카락 한 올로 물건을 들어올리듯 몹시 위급한 상황.

**위태할 위(危)와 터럭 발(髮)이 들어가는 어휘와 고사성어를 따라 써 보세요.**

> **가 로**
> ① 위기일발: 머리카락 한 올로 물건을 들어올리
> 듯 몹시 위급한 상황.

> **세 로**
> ① 위태: 형세가 마음을 놓을 수 없을 만큼 급하
> 고 위험함.
> ② 모발: 사람의 몸에 난 털이나 머리카락.

**위의 퍼즐을 참고하여 빈칸에 어울리는 어휘와 고사성어를 써 넣으세요.**

**예문 1** 중병을 오래 앓아 온 김 첨지는 생명이 ⬚⬚로운 상황이었다.

**예문 2** 그는 자동차가 돌진하는 ⬚⬚⬚⬚의 상황에 용감하게 몸을 날려 아이를 구했다.

**예문 3** 머리카락이 습도에 따라서 늘어나고 줄어드는 성질을 이용해 만든 것이 ⬚⬚ 습도계다.

131

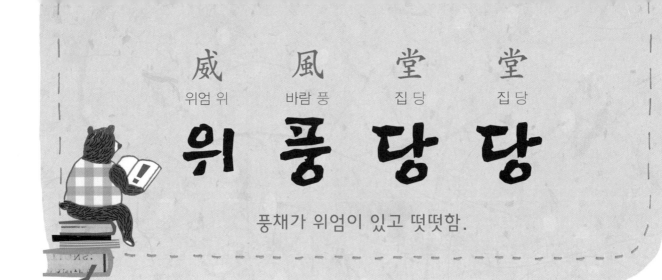

威 風 堂 堂
위엄 위 　바람 풍 　집 당 　집 당

# 위 풍 당 당

풍채가 위엄이 있고 떳떳함.

 **한자의 뜻과 음을 생각하며 따라 써 보세요.**

| 威<br>위엄 위 | 丿 厂 厂 尸 反 反 威 威 威 威 威 | | | | | | |
|---|---|---|---|---|---|---|---|
| | 威 | | | | | | |

| 風<br>바람 풍 | 丿 几 几 凡 凨 凬 凨 風 風 | | | | | | |
|---|---|---|---|---|---|---|---|
| | 風 | | | | | | |

| 堂<br>집 당 | 丶 丷 丷 丷 严 严 告 告 告 堂 堂 | | | | | | |
|---|---|---|---|---|---|---|---|
| | 堂 | | | | | | |

| 堂<br>집 당 | 丶 丷 丷 丷 严 严 告 告 告 堂 堂 | | | | | | |
|---|---|---|---|---|---|---|---|
| | 堂 | | | | | | |

풍채가 위엄이 있고 떳떳하다는 뜻이에요. 정정당당(正正堂堂)이 마음의 떳떳함을 나타내는 말이라면 위풍당당은 자세와 행동의 떳떳함을 더 강조한 말이지요.

**고사성어의 뜻을 생각하며 따라 써 보세요.**

| 위 | 풍 | 당 | 당 | 威 | 風 | 堂 | 堂 |
|---|---|---|---|---|---|---|---|
|  |  |  |  |  |  |  |  |

> 풍채가 위엄이 있고 떳떳함.

**위엄 위(威)와 집 당(堂)이 들어가는 어휘와 고사성어를 따라 써 보세요.**

> **가로**
> ① 위풍당당: 풍채가 위엄이 있고 떳떳함.
> ② 당당: 기품이 있고 떳떳함.

> **세로**
> ① 위엄: 존경할 만큼 점잖고 위세 있는 태도나 기세.

**위의 퍼즐을 참고하여 빈칸에 어울리는 어휘와 고사성어를 써 넣으세요.**

**예문1** ☐☐ 한 걸음으로 신랑이 입장했다.

**예문2** 퍼레이드에 참가한 아이들의 ☐☐☐☐ 한 모습을 보아라.

**예문3** 임금님은 ☐☐ 있는 목소리로 명령을 내렸다.

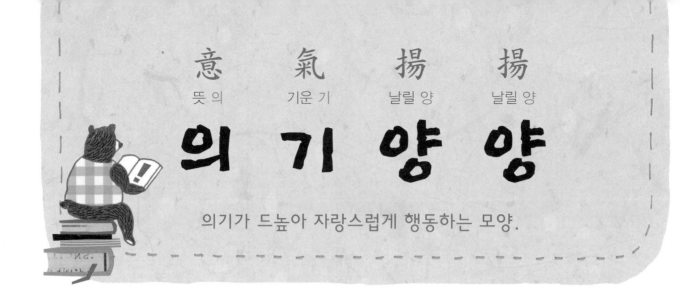

意 氣 揚 揚
뜻 의　　기운 기　　날릴 양　　날릴 양

# 의 기 양 양

의기가 드높아 자랑스럽게 행동하는 모양.

 **한자의 뜻과 음을 생각하며 따라 써 보세요.**

| 意<br>뜻 의 | ` ﹃ ﹄ ﹅ 音 产 音 音 音 音 意 意 意 |
| --- | --- |
| | 意 |

| 氣<br>기운 기 | ` ﹃ ﹄ 气 气 气 氣 氧 氣 氣 |
| --- | --- |
| | 氣 |

| 揚<br>날릴 양 | ﹃ 扌 扌 扩 护 押 押 押 揚 揚 揚 |
| --- | --- |
| | 揚 |

| 揚<br>날릴 양 | ﹃ 扌 扌 扩 护 押 押 押 揚 揚 揚 |
| --- | --- |
| | 揚 |

의기양양은 의기가 드높아 자랑스럽게 행동하는 모양새를 말해요. 바라던 대로 이루어져 자랑스러운 마음이 얼굴 가득 드러나는 모습이지요. 매우 자랑스러워하며 뽐내는 모습이에요. 비슷한 말로 기세등등(氣勢騰騰)이 있어요. 기세가 높고 힘찬 마음을 뜻합니다.

**고사성어의 뜻을 생각하며 따라 써 보세요.**

| 의 | 기 | 양 | 양 | 意 | 氣 | 揚 | 揚 |
|---|---|---|---|---|---|---|---|
|   |   |   |   |   |   |   |   |

의기가 드높아 자랑스럽게 행동하는 모양.

**의기(意氣)와 양양(揚揚)이 들어가는 어휘와 고사성어를 따라 써 보세요.**

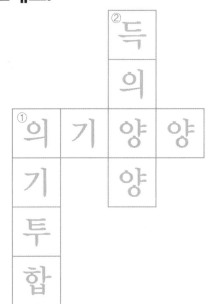

❯ 가 로
① 의기양양: 의기가 드높아 자랑스럽게 행동하는 모양.

❯ 세 로
① 의기투합: 서로의 마음이 맞음.
② 득의양양: 바라던 일이 이루어져 우쭐거리며 뽐내는 모양.

**위의 퍼즐을 참고하여 빈칸에 어울리는 어휘와 고사성어를 써 넣으세요.**

예문 1  ☐☐☐☐  하게 개선문을 통과하는 모습에 모두 환호성을 올렸다.

예문 2  ☐☐☐☐  한 두 사람은 함께 일하기로 했다.

예문 3  챔피언은 만면에 ☐☐☐☐  한 미소를 띄며 들어왔다.

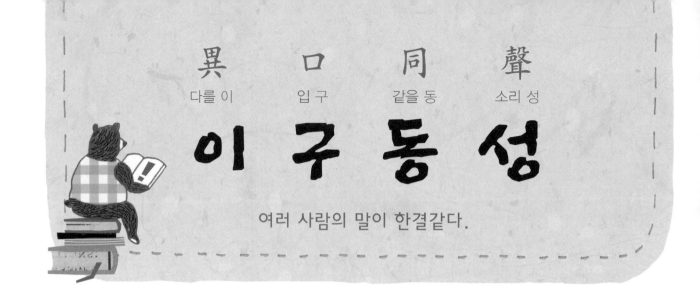

異 口 同 聲
다를 이  입 구  같을 동  소리 성

이 구 동 성

여러 사람의 말이 한결같다.

 **한자의 뜻과 음을 생각하며 따라 써 보세요.**

| 異 다를 이 | ㅣ 冂 日 田 罒 畊 甼 里 畀 界 異 異 |
| 口 입 구 | ㅣ 冂 口 |
| 同 같을 동 | ㅣ 冂 冂 冋 同 同 |
| 聲 소리 성 | 一 十 士 声 声 声 声 殸 殸 殸 殸 殸 聲 聲 聲 聲 |

입은 다르지만 소리는 같다는 뜻으로 여러 사람의 말이 한결같을 때 쓰는 말이에요. 입 구 (口)는 입이라는 뜻에서 확장되어 사람을 나타내는 말로도 쓰여요. 식구, 인구 같은 단어에 도 입 구(口)가 사람이라는 뜻으로 쓰이지요. 서로 다른 사람들이 모두 같은 의견으로 같 은 말을 할 때 이구동성이라 합니다.

**고사성어의 뜻을 생각하며 따라 써 보세요.**

| 이 | 구 | 동 | 성 | 異 | 口 | 同 | 聲 |
|---|---|---|---|---|---|---|---|
|  |  |  |  |  |  |  |  |

여러 사람의 말이 한결같다.

 **다를 이(異)와 같을 동(同)이 들어가는 어휘와 고사성어를 따라 써 보세요.**

❯ 가 로
① 이구동성: 여러 사람의 말이 한결같다.

❯ 세 로
① 이국적: 자기 나라가 아닌 다른 나라의 특징적인 것.
② 동일: 둘이나 그 이상의 것이 꼭 같음.

**위의 퍼즐을 참고하여 빈칸에 어울리는 어휘와 고사성어를 써 넣으세요.**

예문1 그 연예인은 [ ][ ][ ] 인 외모로 눈길을 끌었다.

예문2 선생님의 질문에 학생들은 [ ][ ][ ][ ] 으로 대답했어요.

예문3 저쪽에 진열된 것과 [ ][ ] 한 물건이에요.

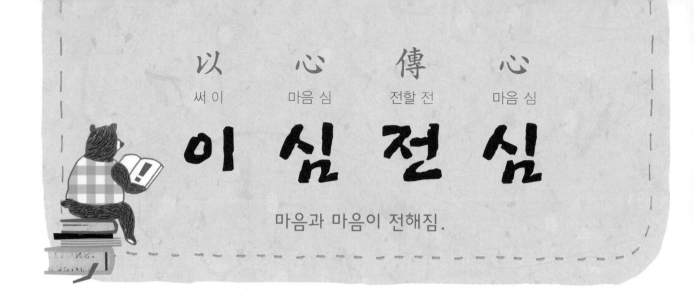

以 心 傳 心
써 이　마음 심　전할 전　마음 심

# 이 심 전 심

마음과 마음이 전해짐.

 **한자의 뜻과 음을 생각하며 따라 써 보세요.**

| 以<br>써 이 | 丨 丿 㠯 以 以 |
| | 以 |

| 心<br>마음 심 | 丶 心 心 心 |
| | 心 |

| 傅<br>전할 전 | 丿 亻 亻 亻 亻 亻 信 信 俥 傳 傳 傳 傳 傳 |
| | 傳 |

| 心<br>마음 심 | 丶 心 心 心 |
| | 心 |

마음과 마음이 전해져 말을 하지 않아도 말이 통하는 것을 이심전심이라고 해요. 깨달음을 얻은 석가모니가 제자들에게 연꽃 한 송이를 들어보이자 다른 제자들은 그 뜻을 알 수 없었지만 가섭이라는 제자만은 그 의미를 깨닫고 빙긋이 웃었어요. 진리는 말이 아니라 마음으로 전하는 것이라 해서 여기에서 유래된 말이 이심전심이지요.

**고사성어의 뜻을 생각하며 따라 써 보세요.**

| 이 | 심 | 전 | 심 | 以 | 心 | 傳 | 心 |
|---|---|---|---|---|---|---|---|
|   |   |   |   |   |   |   |   |

마음과 마음이 전해짐.

🍊 **마음 심(心)과 전할 전(傳)이 들어가는 어휘와 고사성어를 따라 써 보세요.**

▶ 가로
① 이심전심: 마음과 마음이 전해짐.

🔽 세로
② 진심: 거짓이 없는 참된 마음.
③ 전달: 전하여 이르다.

👄 **위의 퍼즐을 참고하여 빈칸에 어울리는 어휘와 고사성어를 써 넣으세요.**

예문 1 편지에 내 ☐☐ 을 담았어.

예문 2 우리는 말하지 않아도 ☐☐☐☐ 으로 아는 사이가 되었다.

예문 3 이걸 옆 반 선생님께 ☐☐ 해 주겠니?

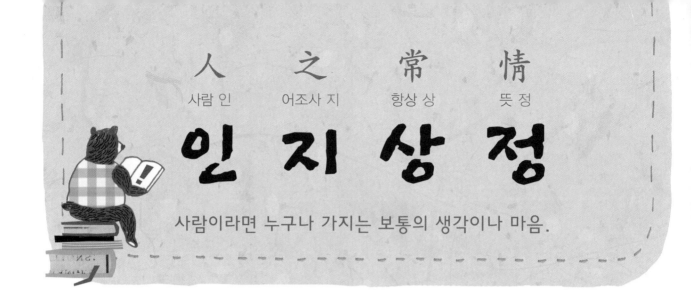

人 之 常 情
사람 인　　어조사 지　　항상 상　　뜻 정

# 인 지 상 정

사람이라면 누구나 가지는 보통의 생각이나 마음.

 **한자의 뜻과 음을 생각하며 따라 써 보세요.**

| 人<br>사람 인 | ノ 人<br>人 | | | | | | |
| --- | --- | --- | --- | --- | --- | --- | --- |
| 之<br>어조사 지 | ` ㄧ ㄅ 之<br>之 | | | | | | |
| 常<br>항상 상 | ` ` ` ⺍ ⺍ 严 严 告 告 常 常<br>常 | | | | | | |
| 情<br>뜻 정 | ` ` ㆍ 忄 忄 忙 忙 忭 情 情 情<br>情 | | | | | | |

인지상정은 사람이라면 누구라도 갖고 있는 보통의 생각이나 마음을 말해요. '어려운 사람의 목소리를 들어주는 것이 인지상정', '자식을 도와주고 싶은 것이 인지상정'이라고 쓸 수 있어요.

**고사성어의 뜻을 생각하며 따라 써 보세요.**

| 인 | 지 | 상 | 정 | 人 | 之 | 常 | 情 |
|---|---|---|---|---|---|---|---|
|   |   |   |   |   |   |   |   |

사람이라면 누구나 가지는 보통의 생각이나 마음.

**사람 인(人), 항상 상(常), 뜻 정(情)이 들어가는 어휘와 고사성어를 따라 써 보세요.**

**가로**
① 인지상정: 누구나 가지는 보통의 생각이나 마음.

**세로**
① 인산인해: 사람의 산과 사람의 바다. 사람이 무척 많은 모양.
② 상온: 보통의 평균 기온.
③ 심정: 마음속에 품고 있는 생각이나 감정.

**위의 퍼즐을 참고하여 빈칸에 어울리는 어휘와 고사성어를 써 넣으세요.**

예문1 바나나는 냉장고에 넣지 말고 [  ][  ] 에서 보관하는 게 좋아.

예문2 힘든 사람을 보면 도와주는 것이 [  ][  ][  ][  ] 이다.

예문3 네가 어떤 [  ][  ] 인지 잘 알고 있어.

예문4 할인 판매 소식에 가게 앞은 [  ][  ][  ][  ] 를 이루었다.

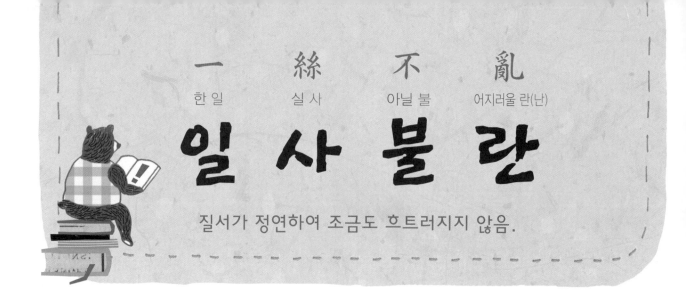

一　　　絲　　　不　　　亂
한 일　　실 사　　아닐 불　　어지러울 란(난)

# 일 사 불 란

질서가 정연하여 조금도 흐트러지지 않음.

 **한자의 뜻과 음을 생각하며 따라 써 보세요.**

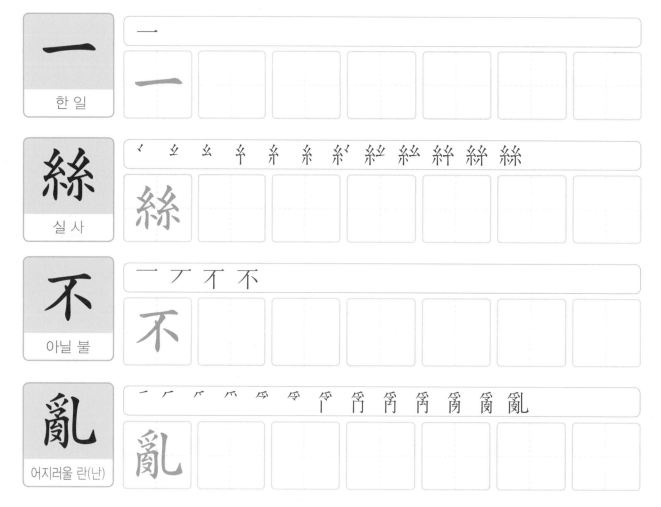

| 一 한 일 | 一 / 一 | | | | | |

| 絲 실 사 | ⺓ ⻗ ⻘ 糸 糸 糸 糸 糸 紓 絆 綷 絲 / 絲 | | | | | |

| 不 아닐 불 | 一 一 丆 不 不 / 不 | | | | | |

| 亂 어지러울 란(난) | ⺮ 丿 丿 乞 乞 乞 乞 乯 乯 乯 乯 亂 / 亂 | | | | | |

일사불란은 한 오라기의 실도 어지럽게 되어 있지 않다는 말로 질서가 잘 잡혀 있어서 조금도 흐트러짐이 없는 상태를 말해요. 가끔 일사분란으로 잘못 쓰는 경우가 있는데 아니 불(不)자로 일사불란이라는 것을 잘 알아 두어야 해요.

고사성어의 뜻을 생각하며 따라 써 보세요.

| 일 | 사 | 불 | 란 | 一 | 絲 | 不 | 亂 |
|---|---|---|---|---|---|---|---|
|   |   |   |   |   |   |   |   |

질서가 정연하여 조금도 흐트러지지 않음.

🍊 아닐 불(不)과 어지러울 란(亂)이 들어가는 어휘와 고사성어를 따라 써 보세요.

❯ 가로
① 일사불란: 질서가 정연하여 조금도 흐트러지지 않음.

❯ 세로
② 불일치: 서로 어긋나 맞지 않음.
③ 소란: 시끄럽고 어수선함.

👄 위의 퍼즐을 참고하여 빈칸에 어울리는 어휘와 고사성어를 써 넣으세요.

예문 1 [ ][ ][ ][ ] 한 퍼레이드의 움직임에 모두 박수를 보냈다.

예문 2 유전자 검사 결과, 두 개의 유전자가 서로 [ ][ ][ ] 한다는 것이 밝혀졌다.

예문 3 여기서 이렇게 [ ][ ] 피우면 곤란해.

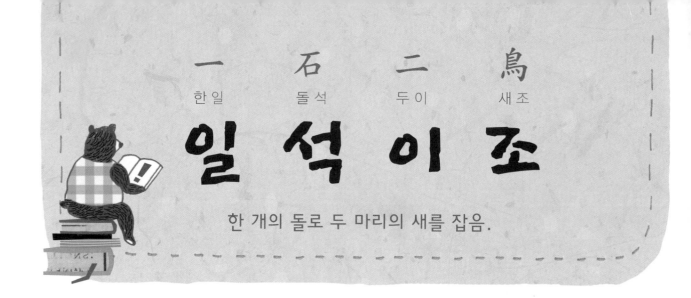

一 石 二 鳥
한일　돌석　두이　새조

# 일 석 이 조

한 개의 돌로 두 마리의 새를 잡음.

 **한자의 뜻과 음을 생각하며 따라 써 보세요.**

| 一 한일 | 一 |
|---|---|
| | 一 |

| 石 돌석 | 一 ア 不 石 石 |
|---|---|
| | 石 |

| 二 두이 | 一 二 |
|---|---|
| | 二 |

| 鳥 새조 | ´ ⼍ ⼍ ⼍ 户 户 島 島 島 島 鳥 |
|---|---|
| | 鳥 |

한 개의 돌로 두 마리의 새를 잡는다는 뜻으로 한 가지 일로 두 가지 이득을 얻을 때 쓰는
말이에요. 같은 뜻을 가진 사자성어로 일거양득(一擧兩得)이 있어요. 비슷한 속담에는 '꿩
먹고 알 먹고', '도랑 치고 가재 잡고'가 있어요.

**고사성어의 뜻을 생각하며 따라 써 보세요.**

| 일 | 석 | 이 | 조 | 一 | 石 | 二 | 鳥 |
|---|---|---|---|---|---|---|---|
|   |   |   |   |   |   |   |   |

한 개의 돌로 두 마리의 새를 잡음.

**한 일(一)과 두 이(二)가 들어가는 어휘와 고사성어를 따라 써 보세요.**

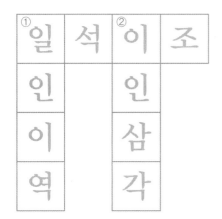

▶ 가로
① 일석이조: 한 개의 돌로 두 마리의 새를 잡음.

▶ 세로
① 일인이역: 한 사람이 두 가지 구실을 맡음.
② 이인삼각: 두 사람이 서로 발을 묶고 세 다리
로 달리는 경기.

**위의 퍼즐을 참고하여 빈칸에 어울리는 어휘와 고사성어를 써 넣으세요.**

예문1 그 영화에서는 주인공이 [    ][    ][    ][    ] 을 맡아 열연했지.

예문2 [    ][    ][    ][    ] 경기에서 이기려면 협동심이 필요하다.

예문3 꿩 먹고 알 먹고, 그야말로 [    ][    ][    ][    ] 다.

145

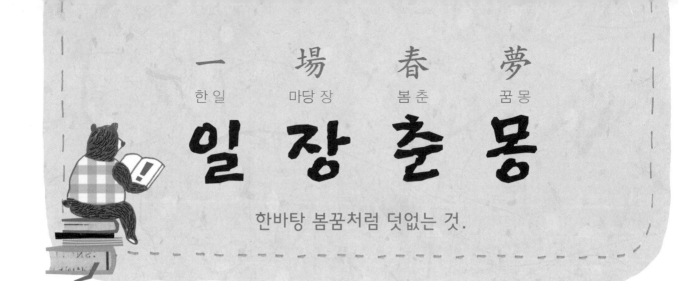

一 場 春 夢
한 일　마당 장　봄 춘　꿈 몽

# 일 장 춘 몽

한바탕 봄꿈처럼 덧없는 것.

 **한자의 뜻과 음을 생각하며 따라 써 보세요.**

| 一 한 일 | 一 | | | | | | |

| 場 마당 장 | 一 十 土 圵 圹 坍 坍 堭 場 場 場 場 場 | 場 | | | | | |

| 春 봄 춘 | 一 二 三 声 夫 表 春 春 春 | 春 | | | | | |

| 夢 꿈 몽 | 一 十 ㅗ 芦 苎 苎 莒 苗 茜 蕗 薴 夢 夢 夢 | 夢 | | | | | |

한바탕 봄꿈이라는 말로, 덧없는 일이나 인생의 허무함을 비유해서 일장춘몽이라고 해요. 비슷한 말로 남가일몽(南柯一夢), 한단지몽(邯鄲之夢)이 있어요. 둘 다 한바탕 꿈 속에서 삶을 겪어 본 일화들에서 유래해 부귀영화도 모두 덧없고 허무한 것임을 의미하는 말로 쓰여요. 모두 꿈에 비교하고 있다는 것이 재미있어요.

**고사성어의 뜻을 생각하며 따라 써 보세요.**

| 일 | 장 | 춘 | 몽 | 一 | 場 | 春 | 夢 |
|---|---|---|---|---|---|---|---|
|   |   |   |   |   |   |   |   |

한바탕 봄꿈처럼 덧없는 것.

**마당 장(場)과 꿈 몽(夢)이 들어가는 어휘와 고사성어를 따라 써 보세요.**

▶가로
① 일장춘몽: 한바탕 봄꿈처럼 덧없는 것.

▼세로
② 장소: 어떤 일이 일어나거나 이루어지는 곳.
③ 백일몽: 대낮에 꾸는 꿈이라는 뜻으로 실현되기 어려운 망상.

**위의 퍼즐을 참고하여 빈칸에 어울리는 어휘와 고사성어를 써 넣으세요.**

예문1 바로 이 곳이 우승이라는 우리 팀의 꿈을 이룬 ☐☐ 야.

예문2 처녀는 계란을 팔아 시집가는 상상까지 했지만 계란이 깨지면서 모두 ☐☐☐☐ 이 되어 버렸다.

예문3 실천이 없는 계획은 ☐☐☐ 에 불과하다고.

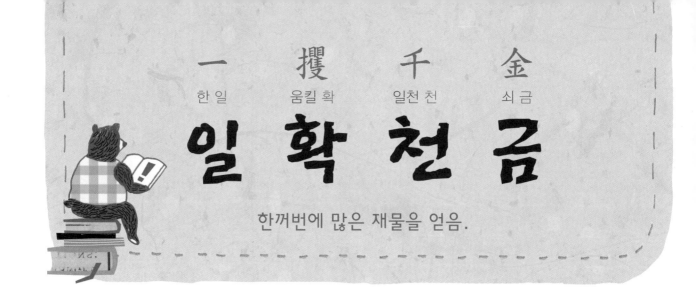

一 攫 千 金
한 일  움킬 확  일천 천  쇠 금

# 일 확 천 금

한꺼번에 많은 재물을 얻음.

 **한자의 뜻과 음을 생각하며 따라 써 보세요.**

| 一<br>한 일 | 一 |  |  |  |  |  |  |
|---|---|---|---|---|---|---|---|
| | 一 |  |  |  |  |  |  |

| 攫<br>움킬 확 | 一 十 扌 扌 扩 扩 扩 扩 扩 扩 扩 扩 扩 攫 攫 攫 攫 攫 |  |  |  |  |
|---|---|---|---|---|---|
| | 攫 |  |  |  |  |  |

| 千<br>일천 천 | 一 二 千 |  |  |  |  |  |
|---|---|---|---|---|---|---|
| | 千 |  |  |  |  |  |  |

| 金<br>쇠 금 | ノ 人 人 今 今 全 全 金 金 |  |  |  |  |
|---|---|---|---|---|---|
| | 金 |  |  |  |  |  |

일확천금은 한번에 엄청난 재물을 얻는 것을 말해요. 특히 노력하지 않고 한꺼번에 많은 재물이 생긴 경우에 쓰지요. 일천 천(千)은 천이라는 숫자를 의미하는 것이 아니라 많다는 뜻으로 쓰였어요. 천금이라고 하면 많은 재물을 뜻하지요. 더 많은 재물은 만금이라고도 해요.

| 일 | 확 | 천 | 금 | 一 | 攫 | 千 | 金 |
|---|---|---|---|---|---|---|---|
|  |  |  |  |  |  |  |  |

한꺼번에 많은 재물을 얻음.

📀 일천 천(千)과 쇠 금(金)이 들어가는 어휘와 고사성어를 따라 써 보세요.

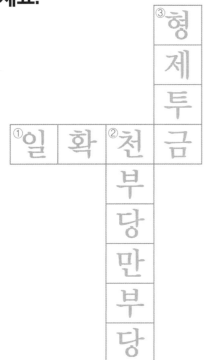

**▶ 가 로**
① 일확천금: 한꺼번에 많은 재물을 얻음.

**▼ 세 로**
② 천부당만부당: 천 번이고 만 번이고 말이 안되는 부당한 일이라는 의미를 강조하는 말.
③ 형제투금: 형제 간의 우애가 깨질 것을 우려하여 금을 던졌다는 고사에서 나온 말로 형제 사이의 우정을 의미함.

🎩 위의 퍼즐을 참고하여 빈칸에 어울리는 어휘와 고사성어를 써 넣으세요.

**예문 1** ☐☐☐☐ 을 노리고 시작한 일이 잘 되는 경우는 거의 보지 못했다.

**예문 2** 제가 그런 짓을 저지른 범인이라니 ☐☐☐☐☐☐ 한 말씀이옵니다.

**예문 3** ☐☐☐☐ 이라는 말도 있는데 너희들은 과자 하나 나눠 먹지 못하니?

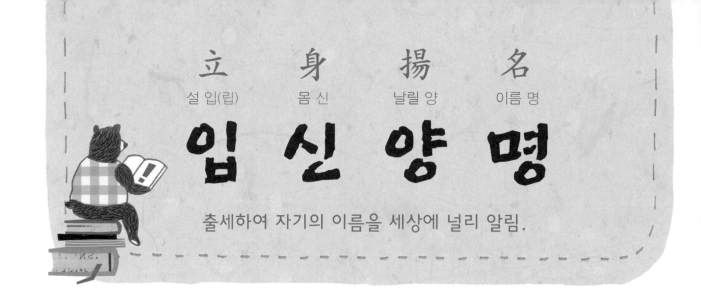

立 身 揚 名
설 입(립)  몸 신  날릴 양  이름 명

# 입 신 양 명

출세하여 자기의 이름을 세상에 널리 알림.

 **한자의 뜻과 음을 생각하며 따라 써 보세요.**

| 立 설 입(립) | ' 亠 亠 亡 立 立 |
| | 立 |

| 身 몸 신 | ' 丿 口 勺 勺 身 身 |
| | 身 |

| 揚 날릴 양 | 一 十 扌 扌 扌 扞 扞 押 捛 揚 揚 揚 |
| | 揚 |

| 名 이름 명 | 丿 夕 夕 夕 名 名 |
| | 名 |

출세하여 자기의 이름을 세상에 널리 알리는 것을 입신양명이라고 해요. 다른 말로 입신
출세 (立身出世)라고도 합니다. 원래는 세상을 위해 좋은 일을 하는 것을 뜻했는데 후에는
사회적으로 인정받고 좋은 지위를 갖는 출세의 의미가 더 많아졌어요.

**고사성어의 뜻을 생각하며 따라 써 보세요.**

| 입 | 신 | 양 | 명 | 立 | 身 | 揚 | 名 |
|---|---|---|---|---|---|---|---|
|  |  |  |  |  |  |  |  |

> 출세하여 자기의 이름을 세상에 널리 알림.

**설 립(立)과 날릴 양(揚)이 들어가는 어휘와 고사성어를 따라 써 보세요.**

❯ 가 로
① 입신양명: 출세하여 자기의 이름을 세상에 널리 알림.

❯ 세 로
① 입후보: 후보자로 나서거나 후보자를 내세움.
② 계양: 깃발 같은 것을 높이 검.

**위의 퍼즐을 참고하여 빈칸에 어울리는 어휘와 고사성어를 써 넣으세요.**

예문 1 현충일에는 태극기 폭만큼 내려 조기를 [　　] 해야 해.

예문 2 공직자가 자신의 [　　　　] 만 생각해서 보여 주기 위한 무리한 일을 벌여서는 안 돼.

예문 3 주영이는 친구들 앞에서 반장 선거에 [　　　] 한 동기와 각오를 발표했다.

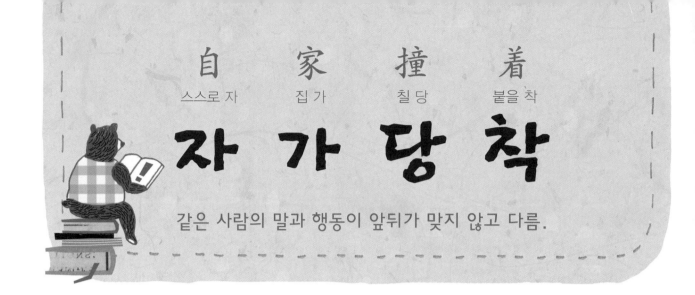

自 家 撞 着
스스로 자    집 가    칠 당    붙을 착

# 자 가 당 착

같은 사람의 말과 행동이 앞뒤가 맞지 않고 다름.

 **한자의 뜻과 음을 생각하며 따라 써 보세요.**

| 自 | ´ ⎢ ⎡ 自 自 自 |
|---|---|
| 스스로 자 | 自 |

| 家 | ´ ⎢ ⌐ 宀 宁 宇 宇 宇 家 家 家 |
|---|---|
| 집 가 | 家 |

| 撞 | ⌐ 十 扌 扌 扩 扩 护 护 捔 捔 撞 撞 撞 撞 |
|---|---|
| 칠 당 | 撞 |

| 着 | ` ` ⎺ 丷 芏 芏 美 羊 羊 着 着 着 |
|---|---|
| 붙을 착 | 着 |

같은 사람의 말과 행동이 앞뒤가 맞지 않고 서로 다른 경우를 자가당착이라고 해요. 모순 (矛盾)이라는 고사성어가 있지요. 아무것도 뚫을 수 없는 방패와 모든 것을 뚫는 창에 대한 고사에서 나온 말이에요. 이 단어를 따서 모순당착(矛盾撞着), 자기모순(自己矛盾)이라고도 해요.

**고사성어의 뜻을 생각하며 따라 써 보세요.**

| 자 | 가 | 당 | 착 | 自 | 家 | 撞 | 着 |
|---|---|---|---|---|---|---|---|
|   |   |   |   |   |   |   |   |

> 같은 사람의 말과 행동이 앞뒤가 맞지 않고 다름.

⬤ **스스로 자(自), 집 가(家)가 들어가는 어휘와 고사성어를 따라 써 보세요.**

▶ 가 로
① 자가당착: 같은 사람의 말과 행동이 앞뒤가 맞지 않고 다름.

🔽 세 로
① 자가: 자기의 집 혹은 자기 자체를 나타냄.

🗣 **위의 퍼즐을 참고하여 빈칸에 어울리는 어휘와 고사성어를 써 넣으세요.**

예문 1  이 글은 시작과 끝의 주장이 서로 달라 ⬜⬜⬜⬜ 에 빠졌다.

예문 2  대중교통이 아니라 ⬜⬜ 운전으로 오실 때는 미리 말씀해 주세요.

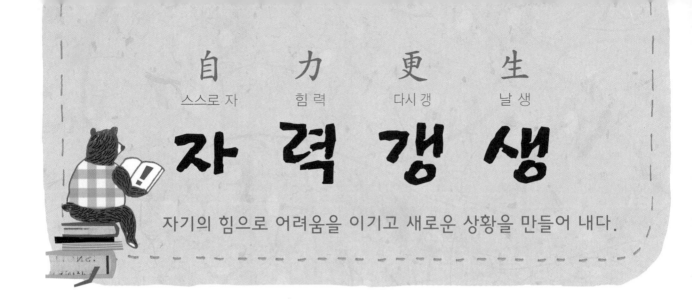

自 力 更 生
스스로 자   힘 력   다시 갱   날 생

# 자 력 갱 생

자기의 힘으로 어려움을 이기고 새로운 상황을 만들어 내다.

 **한자의 뜻과 음을 생각하며 따라 써 보세요.**

| 自 스스로 자 | ´ ┌ ┌ ┌ ┌ ┌ 自 自 自 |
| --- | --- |
| | 自 |

| 力 힘 력 | ㄱ 力 |
| --- | --- |
| | 力 |

| 更 다시 갱 | 一 ┌ ┌ 一 一 一 更 更 |
| --- | --- |
| | 更 |

| 生 날 생 | ノ ┌ ┌ 牛 生 |
| --- | --- |
| | 生 |

자력갱생은 한자를 그대로 해석하면 스스로의 힘으로 다시 살다, 즉 다른 사람의 힘을 빌리지 않고 자기의 힘으로 어려움을 이겨 내고 새로운 환경을 만드는 것을 이르는 말이에요. 更이라는 글자는 '경'이라고 읽히기도 하고, '갱'이라고 읽히기도 해요. '고친다'는 뜻일 때는 '경', '다시'라는 뜻일 때는 '갱'이라고 읽어요.

**고사성어의 뜻을 생각하며 따라 써 보세요.**

| 자 | 력 | 갱 | 생 | 自 | 力 | 更 | 生 |
|---|---|---|---|---|---|---|---|
|  |  |  |  |  |  |  |  |

| 자기의 힘으로 어려움을 이기고 새로운 상황을 만들어 내다. |
|---|

**스스로 자(自)와 다시 갱(更)이 들어가는 어휘와 고사성어를 따라 써 보세요.**

▶ 가 로
① 자력갱생: 자기의 힘으로 어려움을 이기고 새로운 상황을 만들어 내다.

▼ 세 로
① 자타공인: 자기나 남이나 모두 인정함.
② 갱생: 죽을 것 같은 상황에서 다시 살아남. 혹은 죄를 뉘우치고 마음이 새로워짐.

**위의 퍼즐을 참고하여 빈칸에 어울리는 어휘와 고사성어를 써 넣으세요.**

예문 1 그는 ☐☐☐☐ 우리나라 최고의 축구 선수이다.

예문 2 사업에 실패한 후 온갖 노력 끝에 ☐☐☐☐ 해 낸 점은 높이 살 만하다.

예문 3 그 사람은 한때 범죄를 저질렀지만 깊이 반성하고 현재 ☐☐ 의 길을 걷고 있다.

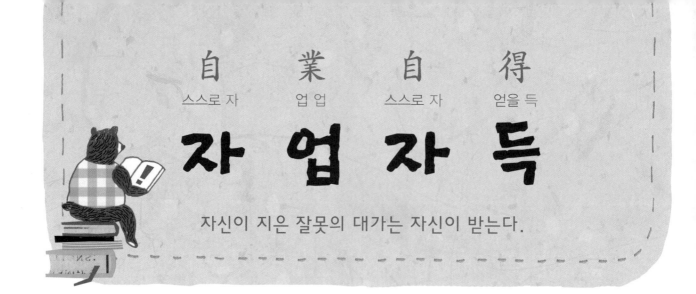

自　　業　　自　　得
스스로 자　　업 업　　스스로 자　　얻을 득

# 자 업 자 득

자신이 지은 잘못의 대가는 자신이 받는다.

 **한자의 뜻과 음을 생각하며 따라 써 보세요.**

**自** 스스로 자
　′　丨′　冂　冃　自　自

自

**業** 업 업
　′　丷　业　业　光　业　业　世　業　業　業

業

**自** 스스로 자
　′　丨′　冂　冃　自　自

自

**得** 얻을 득
　′　彳　彳　彳　彳　彳　彳　得　得　得　得

得

자업자득은 자신이 지은 업을 자신이 받는다는 말로, 스스로의 행동으로 생긴 과오를 스스로가 지는 경우에 쓰는 말이에요. 업(業)은 보통 '일'이라는 뜻으로 쓰이지만, 불교 용어로 업은 이번 생에서 저지른 크고 작은 일들을 말해요.

**고사성어의 뜻을 생각하며 따라 써 보세요.**

| 자 | 업 | 자 | 득 | 自 | 業 | 自 | 得 |
|---|---|---|---|---|---|---|---|
|   |   |   |   |   |   |   |   |

자신이 지은 잘못의 대가는 자신이 받는다.

**업 업(業)과 얻을 득(得)이 들어가는 어휘와 고사성어를 따라 써 보세요.**

| ①자 | ②업 | 자 | ③득 |
|---|---|---|---|
|   | 보 |   | 의 |
|   |   |   | 양 |
|   |   |   | 양 |

▶ 가로
① 자업자득: 자신이 지은 잘못의 대가는 자신이 받는다.

▼ 세로
② 업보: 불교에서 착하고 나쁜 일을 저질러 받는 상이나 벌.
③ 득의양양: 바라던 일이 이루어져 우쭐거리고 뽐내는 모양.

**위의 퍼즐을 참고하여 빈칸에 어울리는 어휘와 고사성어를 써 넣으세요.**

예문 1 스님께서 이것이 다 전생의 [　　] 라 하셨습니다.

예문 2 주변에서 그렇게 말려도 무리하게 일을 벌이더니, 이게 다 [　　　　] 이다.

예문 3 이호는 시험에서 좋은 점수를 받자 [　　　　] 했다.

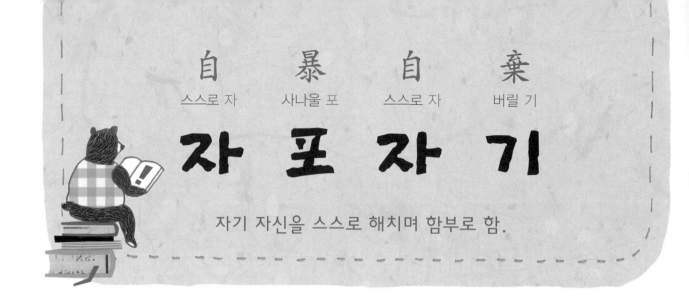

自 暴 自 棄
스스로 자 　사나울 포 　스스로 자 　버릴 기

# 자 포 자 기

자기 자신을 스스로 해치며 함부로 함.

 **한자의 뜻과 음을 생각하며 따라 써 보세요.**

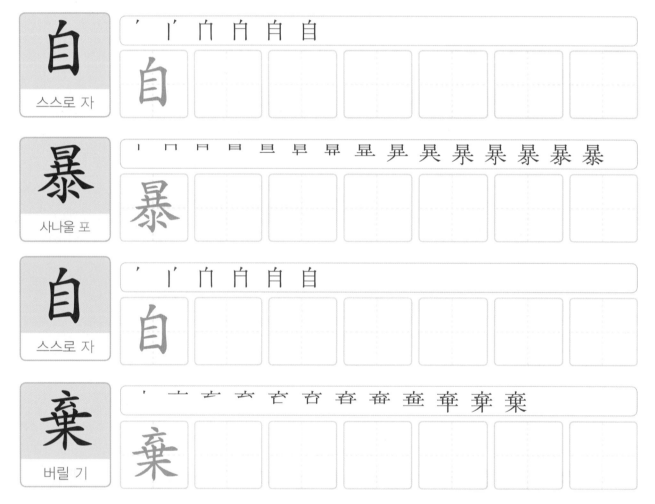

| 自 | ´ 丨 广 户 白 自 |
|---|---|
| 스스로 자 | 自 |

| 暴 | 丨 冂 冂 旦 旦 昇 昇 昇 昇 暴 暴 暴 暴 暴 暴 |
|---|---|
| 사나울 포 | 暴 |

| 自 | ´ 丨 广 户 白 自 |
|---|---|
| 스스로 자 | 自 |

| 棄 | ` 亠 产 岙 岙 岙 奇 奋 奋 奄 華 穽 棄 |
|---|---|
| 버릴 기 | 棄 |

자기를 스스로 해치고 버린다는 뜻으로 자신의 몸이나 마음을 함부로 하는 것을 자포자기 했다고 합니다. 절망에 빠져 스스로 포기해 버린 것이지요. '될 대로 되라지.' 하며 마음대로 해 버리는 것은 '자포자기'라고 해요. 아무리 어려운 일이 있어도 자포자기해서는 안 되겠죠?

**고사성어의 뜻을 생각하며 따라 써 보세요.**

| 자 | 포 | 자 | 기 | 自 | 暴 | 自 | 棄 |
|---|---|---|---|---|---|---|---|
| | | | | | | | |

자기 자신을 스스로 해치며 함부로 함.

 **사나울 포(暴)와 버릴 기(棄)가 들어가는 어휘와 고사성어를 따라 써 보세요.**

▶ 가 로
① 자포자기: 자기 자신을 스스로 해치며 함부로 함.

▼ 세 로
② 포악: 사납고 악함.
③ 폐기: 못 쓰게 된 것을 버림.

**위의 퍼즐을 참고하여 빈칸에 어울리는 어휘와 고사성어를 써 넣으세요.**

예문1 아무리 힘들어도 ⬚⬚⬚⬚ 해서는 안 된다.

예문2 ⬚⬚ 한 군주에 맞서 백성들이 참지 못하고 일어났다.

예문3 독성이 검출된 제품은 전량 ⬚⬚ 처분 되었다.

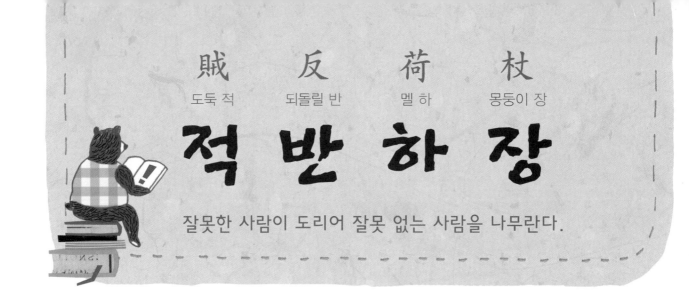

賊　　反　　荷　　杖
도둑 적　　되돌릴 반　　멜 하　　몽둥이 장

# 적 반 하 장

잘못한 사람이 도리어 잘못 없는 사람을 나무란다.

 **한자의 뜻과 음을 생각하며 따라 써 보세요.**

| 賊 도둑 적 | ｜ ｜ ｢ ｢ ｢ 目 目 貝 貯 貯 貯 賊 賊 賊 |
| 反 되돌릴 반 | 一 厂 反 反 |
| 荷 멜 하 | 一 十 十 艹 艹 艾 芢 荷 荷 荷 |
| 杖 몽둥이 장 | 一 十 十 木 杜 杖 杖 |

적반하장은 도둑이 도리어 몽둥이를 든다는 말로 잘못한 사람이 도리어 잘한 사람을 나무란다는 뜻입니다. '적반하장도 유분수'라는 말로 많이 쓰이는데 '적반하장 하는 것도 정도가 있어야지.'라는 의미입니다. 적반하장을 당하면 무척 억울하겠지요?

**고사성어의 뜻을 생각하며 따라 써 보세요.**

| 적 | 반 | 하 | 장 | 賊 | 反 | 荷 | 杖 |
|---|---|---|---|---|---|---|---|
|   |   |   |   |   |   |   |   |

> 잘못한 사람이 도리어 잘못 없는 사람을 나무란다.

**도둑 적(賊), 몽둥이 장(杖)이 들어가는 어휘와 고사성어를 따라 써 보세요.**

▶ 가로
① 적반하장: 잘못한 사람이 도리어 잘못 없는 사람을 나무란다.

▼ 세로
② 도적: 남의 물건을 훔치거나 강제로 빼앗는 등의 나쁜 짓을 하는 사람.
③ 곤장: 죄인의 볼기를 때리던 몽둥이나 그 형벌을 가리키는 말.

**위의 퍼즐을 참고하여 빈칸에 어울리는 어휘와 고사성어를 써 넣으세요.**

예문1 어허, 어디서 발뺌이냐, ▢▢ 을 맞아야 정신을 차리겠느냐?

예문2 ▢▢▢▢ 도 유분수지, 네가 잘못한 일을 왜 나에게 그래?

예문3 ▢▢ 떼라도 나타날까 혼자 산길을 넘기가 두려웠다.

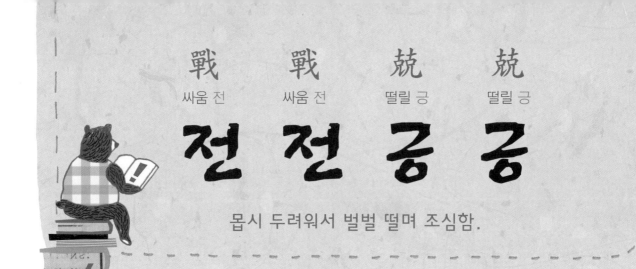

# 전 전 긍 긍

| 戰 | 戰 | 兢 | 兢 |
|---|---|---|---|
| 싸움 전 | 싸움 전 | 떨릴 긍 | 떨릴 긍 |

몹시 두려워서 벌벌 떨며 조심함.

 **한자의 뜻과 음을 생각하며 따라 써 보세요.**

| 戰<br>싸움 전 | ' ` ` ` ` ` ` ` 門 門 門 閂 單 單 戰 戰 戰 |
|---|---|
| | 戰 |

| 戰<br>싸움 전 | ' ` ` ` ` ` ` ` 門 門 門 閂 單 單 戰 戰 戰 |
|---|---|
| | 戰 |

| 兢<br>떨릴 긍 | 一 十 十 古 古 克 克 兑 兑 兑 兑 兑 兢 兢 |
|---|---|
| | 兢 |

| 兢<br>떨릴 긍 | 一 十 十 古 古 克 克 兑 兑 兑 兑 兑 兢 兢 |
|---|---|
| | 兢 |

전전긍긍은 겁에 질려 벌벌 떨며 몸을 움츠리는 모양을 비유해서 하는 말이에요. 비슷한 말로는 좌불안석(坐不安席)이 있어요.

**고사성어의 뜻을 생각하며 따라 써 보세요.**

| 전 | 전 | 긍 | 긍 | 戰 | 戰 | 兢 | 兢 |
|---|---|---|---|---|---|---|---|
| | | | | | | | |

몹시 두려워서 벌벌 떨며 조심함.

 **전전긍긍(戰戰兢兢)과 비슷한 뜻의 고사성어를 따라 써 보세요.**

| 전 | 전 | 긍 | 긍 |
|---|---|---|---|
| 좌 | 불 | 안 | 석 |

전전긍긍: 몹시 두려워서 벌벌 떨며 조심함.
좌불안석: 자리에 편하게 앉아 있지 못한다는 뜻
으로 마음에 걱정이나 근심이 있어 불안해하는 모
습.

**위의 퍼즐을 참고하여 빈칸에 어울리는 어휘와 고사성어를 써 넣으세요.**

**예문1** 이방은 변덕스러운 사또에게서 또 불호령이 떨어질까 | | | | | 하는
모습이었다.

**예문2** 당장 구해 오라는 물건을 찾지 못한 터라 바늘방석에 앉은 듯
| | | | | 이었다.

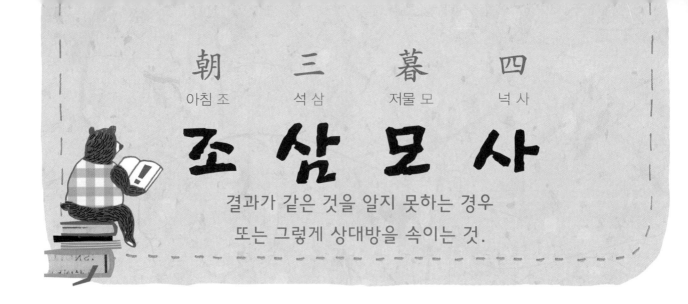

# 조 삼 모 사

결과가 같은 것을 알지 못하는 경우
또는 그렇게 상대방을 속이는 것.

 **한자의 뜻과 음을 생각하며 따라 써 보세요.**

| 朝 아침 조 | 一 十 十 古 吉 吉 直 車 朝 朝 朝 朝 |
|---|---|
| | 朝 |

| 三 석 삼 | 一 二 三 |
|---|---|
| | 三 |

| 暮 저물 모 | 一 十 卄 芍 芍 芍 苜 苜 菖 莫 莫 莫 幕 幕 暮 |
|---|---|
| | 暮 |

| 四 넉 사 | 丨 冂 冂 四 四 |
|---|---|
| | 四 |

아침에 세 개, 저녁에 네 개라는 뜻으로 송나라 때 저공이 키우던 원숭이들에게, 먹이를
아침에는 세 개, 저녁에는 네 개를 주겠다 했더니 원숭이들이 화를 냈으나 아침에 네 개,
저녁에는 세 개를 주겠다고 하니 좋다고 한 것에서 유래했어요. 눈앞의 것만 보고 결과가
같은 것을 모르는 경우나 다른 사람을 이런 식으로 속이는 경우에 쓰는 말이에요.

**고사성어의 뜻을 생각하며 따라 써 보세요.**

| 조 | 삼 | 모 | 사 | 朝 | 三 | 暮 | 四 |

결과가 같은 것을 알지 못하는 경우 또는 그렇게 상대방을 속이는 것.

**아침 조(朝)가 들어가는 어휘와 고사성어를 따라 써 보세요.**

>**가 로**
① 조삼모사: 결과가 같은 것을 알지 못하는 경우 또는 그렇게 상대방을 속이는 것.

>**세 로**
① 조변석개: 아침저녁으로 뜯어고친다는 뜻으로 계획에 일관성이 없는 모습을 이르는 말.

**위의 퍼즐을 참고하여 빈칸에 어울리는 어휘와 고사성어를 써 넣으세요.**

**예문 1** 기본 요금을 깎아 주는 대신에 다른 비용을 올린다면 ☐☐☐☐ 와 다를 바가 없다.

**예문 2** 나라의 법이 ☐☐☐☐ 하면 누가 이를 믿고 지키겠는가.

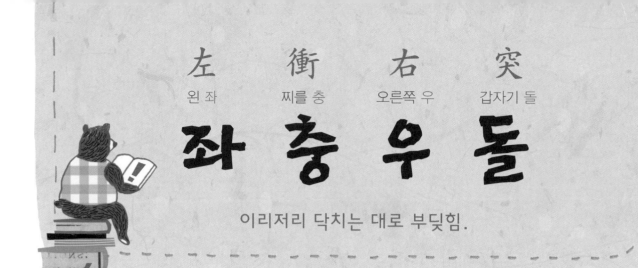

左 衝 右 突
왼 좌    찌를 충    오른쪽 우    갑자기 돌

# 좌 충 우 돌

이리저리 닥치는 대로 부딪힘.

 **한자의 뜻과 음을 생각하며 따라 써 보세요.**

| 左 <br> 왼 좌 | 一 ナ ナ 左 左 <br> 左 |
| 衝 <br> 찌를 충 | ´ ´ ´ ´ ´ ´ ´ ´ ´ ´ ´ ´ 衝 衝 衝 <br> 衝 |
| 右 <br> 오른쪽 우 | ノ ナ ナ 右 右 <br> 右 |
| 突 <br> 갑자기 돌 | ´ ´ ´ ´ ´ 突 突 突 <br> 突 |

좌충우돌은 왼쪽 오른쪽 이리저리 닥치는 대로 부딪힌다는 말이에요. 왼 좌(左)와 오른쪽
우(右)를 빼면 서로 맞부딪힌다는 뜻의 충돌이 남지요. 그래서 좌우충돌(左右衝突)이라고
쓰기도 하고 좌우 대신에 방향을 가리키는 동과 서를 써 동충서돌(東衝西突)이라고도 해요.

**고사성어의 뜻을 생각하며 따라 써 보세요.**

| 좌 | 충 | 우 | 돌 | 左 | 衝 | 右 | 突 |
|---|---|---|---|---|---|---|---|
|   |   |   |   |   |   |   |   |

이리저리 닥치는 대로 부딪힘.

**좌충우돌(左衝右突)을 좌우(左右)와 충돌(衝突)로 나누어 어휘와 고사성어를 따라 써 보세요.**

▶ **가 로**
①좌충우돌: 이리저리 닥치는 대로 부딪힘.

▼ **세 로**
②충돌: 서로 맞서거나 맞부딪힘.
③좌우: 왼쪽과 오른쪽을 아울러 이르는 말. 또는 주변에 있는 사람.

**위의 퍼즐을 참고하여 빈칸에 어울리는 어휘와 고사성어를 써 넣으세요.**

예문1 폐하께 긴하게 드릴 말씀이 있사오니 ☐☐ 를 물려 주십시오.

예문2 처음 해 보는 일이라도 ☐☐☐☐ 하면서 배우는 것이 있는 법이다.

예문3 달려오는 자동차와 ☐☐ 할 뻔했다.

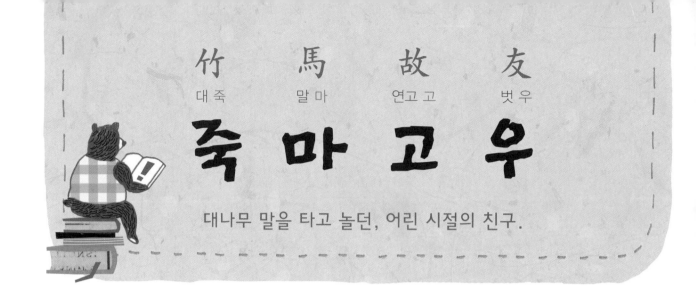

竹 馬 故 友
대 죽　　말 마　　연고 고　　벗 우

# 죽 마 고 우

대나무 말을 타고 놀던, 어린 시절의 친구.

 **한자의 뜻과 음을 생각하며 따라 써 보세요.**

| 竹<br>대 죽 | ノ ┌ ⸝ ⸝ ⸝ ⸝ 竹<br>竹 | | | | | | |
| --- | --- | --- | --- | --- | --- | --- | --- |

| 馬<br>말 마 | Ⅰ Γ Γ Ϝ Ϝ 馬 馬 馬 馬 馬<br>馬 | | | | | | |
| --- | --- | --- | --- | --- | --- | --- | --- |

| 故<br>연고 고 | 一 十 十 古 古 古 古 故 故<br>故 | | | | | | |
| --- | --- | --- | --- | --- | --- | --- | --- |

| 友<br>벗 우 | 一 ナ 方 友<br>友 | | | | | | |
| --- | --- | --- | --- | --- | --- | --- | --- |

죽마고우는 대나무 말을 타고 놀던 친구라는 뜻으로 어릴 적부터 알고 지낸 친구를 뜻해요. 친한 친구를 의미하는 사자성어에는 관포지교(管鮑之交), 수어지교(水魚之交) 등이 있어요. 그중 특히 죽마고우는 어릴 때부터 알던 친구를 의미해요. 어릴 때부터 알고 놀며 지낸 친구는 특별히 더 가까운 친구이지요.

**고사성어의 뜻을 생각하며 따라 써 보세요.**

| 죽 | 마 | 고 | 우 | 竹 | 馬 | 故 | 友 |
|---|---|---|---|---|---|---|---|
|   |   |   |   |   |   |   |   |

대나무 말을 타고 놀던, 어린 시절의 친구.

**말 마(馬)와 벗 우(友)가 들어가는 어휘와 고사성어를 따라 써 보세요.**

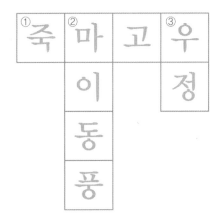

▶ 가로
① 죽마고우: 대나무 말을 타고 놀던, 어린 시절의
친구.

▼ 세로
② 마이동풍: 말 귀에 동쪽 바람이라는 말로 남의
말을 귀 담아 듣지 않고 흘려 버리는 것을 말함.
③ 우정: 친구와의 정.

**위의 퍼즐을 참고하여 빈칸에 어울리는 어휘와 고사성어를 써 넣으세요.**

예문1 나와 □□□□ 인 동훈이는 어릴 때와 달리 지금은 키가 제일 크다.

예문2 무슨 말을 해도 □□□□ 으로 도무지 듣지 않았다.

예문3 우리의 □□ 변치 말자!

169

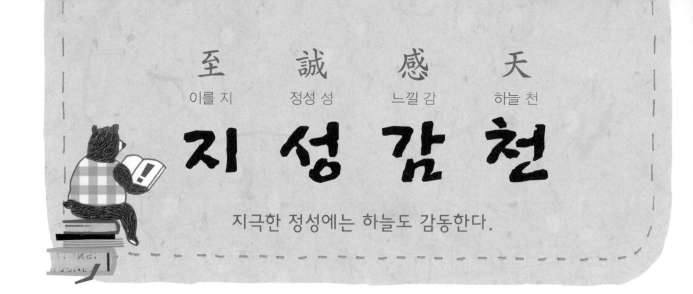

至 誠 感 天
이를 지 　 정성 성 　 느낄 감 　 하늘 천

# 지 성 감 천

지극한 정성에는 하늘도 감동한다.

 **한자의 뜻과 음을 생각하며 따라 써 보세요.**

| 至 이를 지 | 一 丆 互 互 互 至 至 至 |
| 誠 정성 성 | 一 亠 亖 言 言 言 言 訂 訂 訐 訐 試 誠 誠 誠 |
| 感 느낄 감 | 丿 厂 厂 厂 厂 咸 咸 咸 咸 咸 感 感 感 感 |
| 天 하늘 천 | 一 二 于 天 天 |

지극한 정성에는 하늘도 감동한다는 말로, 무엇이든 극진하면 좋은 결과를 얻는다는 뜻이
에요. '지성이면 감천이다'라고 풀어서 말하는 경우가 더 많아요. 하늘이 감동할 만큼 노력
하는 것은 쉽지 않겠지요. 열심히 노력하면 이루지 못할 일이 없다는 뜻으로 쓰입니다.

**고사성어의 뜻을 생각하며 따라 써 보세요.**

| 지 | 성 | 감 | 천 | 至 | 誠 | 感 | 天 |
|---|---|---|---|---|---|---|---|
|  |  |  |  |  |  |  |  |

지극한 정성에는 하늘도 감동한다.

**정성 성(誠)과 하늘 천(天)이 들어가는 어휘와 고사성어를 따라 써 보세요.**

> **가로**
> ① 지성감천: 지극한 정성에는 하늘도 감동한다.

> **세로**
> ② 성심성의: 참되고 진실한 마음과 뜻.
> ③ 천혜: 하늘이 베푼 은혜, 자연의 은혜.

**위의 퍼즐을 참고하여 빈칸에 어울리는 어휘와 고사성어를 써 넣으세요.**

**예문 1** 숲속에 위치한 그 학교는 [ ][ ] 의 자연환경을 자랑한다.

**예문 2** [ ][ ][ ][ ] 이라는 말도 있으니 이렇게 마음을 모은다면 꼭 잘 될거야.

**예문 3** 무슨 일이든 [ ][ ][ ][ ] 껏 도와드리겠습니다.

171

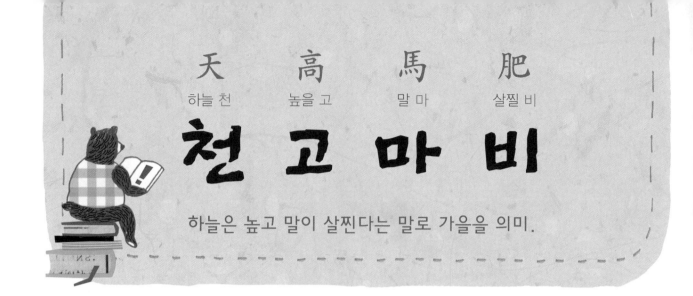

天 高 馬 肥
하늘 천　　　높을 고　　　말 마　　　살찔 비

# 천 고 마 비

하늘은 높고 말이 살찐다는 말로 가을을 의미.

 **한자의 뜻과 음을 생각하며 따라 써 보세요.**

| 天 <br> 하늘 천 | 一 二 𣎴 天 <br> 天 |
| --- | --- |

| 高 <br> 높을 고 | ` ㅗ ㅗ 古 古 宁 宁 高 高 高 <br> 高 |
| --- | --- |

| 馬 <br> 말 마 | l 厂 厂 F F 馬 馬 馬 馬 馬 <br> 馬 |
| --- | --- |

| 肥 <br> 살찔 비 | ) 刀 刀 月 月 肥 肥 肥 <br> 肥 |
| --- | --- |

하늘은 높고 말이 살찐다는 말로 결실과 수확의 계절인 가을이 좋은 계절이라는 뜻이에요. 원래는 옛날 중국에서 흉노족이 농작물을 빼앗아 가려고 침입하는 계절을 경계하려고 했던 말이에요. 이 의미가 변하여 오늘날은 누구나 활동하고 지내기 참 좋은 계절이라는 뜻이 되었어요.

**고사성어의 뜻을 생각하며 따라 써 보세요.**

| 천 | 고 | 마 | 비 | 天 | 高 | 馬 | 肥 |
|---|---|---|---|---|---|---|---|
|   |   |   |   |   |   |   |   |

하늘은 높고 말이 살찐다는 말로 가을을 의미.

**높을 고(高)와 살찔 비(肥)가 들어가는 어휘와 고사성어를 따라 써 보세요.**

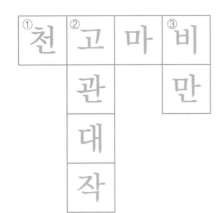

❯ 가로
①천고마비: 하늘은 높고 말이 살찐다는 말로 가을을 의미.

❯ 세로
②고관대작: 지위가 높은 벼슬아치.
③비만: 살찌고 뚱뚱함.

**위의 퍼즐을 참고하여 빈칸에 어울리는 어휘와 고사성어를 써 넣으세요.**

예문1 아늑하고 평안한 하루하루는 [ ][ ][ ][ ] 이 부럽지 않았다.

예문2 독서의 계절이자, [ ][ ][ ][ ] 의 계절, 가을!

예문3 정상 체중인데도 스스로 [ ][ ] 이라고 생각해서 밥을 먹지 않는 것은 위험한 행동이야.

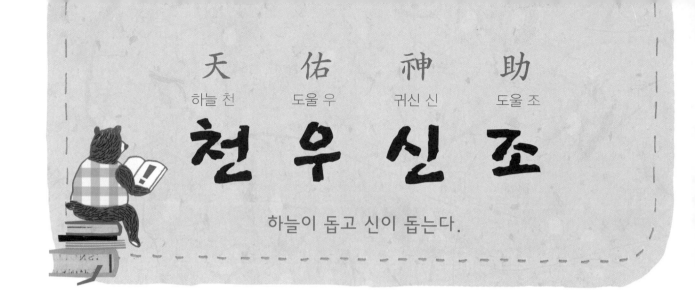

天　佑　神　助
하늘 천　도울 우　귀신 신　도울 조

# 천 우 신 조

하늘이 돕고 신이 돕는다.

 **한자의 뜻과 음을 생각하며 따라 써 보세요.**

| 天 하늘 천 | 一 二 于 天 |
| 天 | |

| 佑 도울 우 | ノ イ 仁 什 什 佑 佑 |
| 佑 | |

| 神 귀신 신 | 一 二 于 亍 示 礻 礻 礻 神 神 |
| 神 | |

| 助 도울 조 | 一 Π Ħ 月 且 助 助 |
| 助 | |

천우신조는 하늘이 돕고 신이 돕는다는 말로 기적적인 일에 쓰는 말이에요. 천재일우(天載一遇)와 비슷한 뜻이라고도 할 수 있어요. 천재일우는 천 년 동안 단 한 번 만난다는 뜻으로, 좀처럼 만나기 어려운 좋은 기회를 뜻하지요. 천재일우는 하늘이 준 '기회'가 강조가 되어 있고, 천우신조는 하늘의 '도움'이 더 강조된 말이랍니다.

**고사성어의 뜻을 생각하며 따라 써 보세요.**

천 우 신 조 天 佑 神 助

하늘이 돕고 신이 돕는다.

**도울 우(佑)와 도울 조(助)가 들어가는 어휘와 고사성어를 따라 써 보세요.**

▶ 가로
① 천우신조: 하늘이 돕고 신이 돕는다.

▼ 세로
② 보우: 보호하고 도와줌.
③ 조력: 힘을 써서 도와줌.

**위의 퍼즐을 참고하여 빈칸에 어울리는 어휘와 고사성어를 써 넣으세요.**

예문 1 이런 사고 속에서도 모두가 무사한 것은 ☐☐☐☐ 가 아닐 수 없구나.

예문 2 현장에 있었던 사람은 모두 피해자를 구하는데 ☐☐ 했다.

예문 3 하느님이 ☐☐ 하사 우리나라 만세.

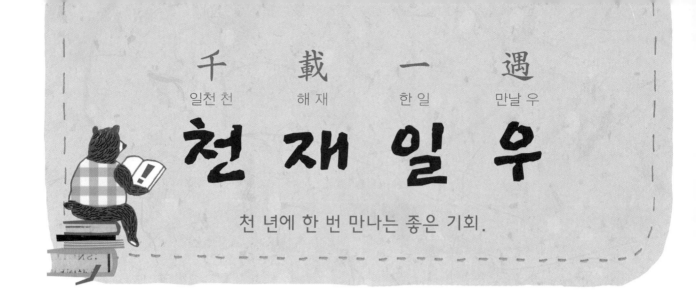

千 載 一 遇
일천 천   해 재   한 일   만날 우

# 천 재 일 우

천 년에 한 번 만나는 좋은 기회.

 **한자의 뜻과 음을 생각하며 따라 써 보세요.**

| 千 일천 천 | 一 二 千 |
| | 千 |

| 載 해 재 | 一 十 土 圭 青 青 青 青 重 重 載 載 載 |
| | 載 |

| 一 한 일 | 一 |
| | 一 |

| 遇 만날 우 | 丨 冂 冂 日 日 月 禺 禺 禺 禺 禺 遇 遇 遇 |
| | 遇 |

천재일우는 천 년에 한번 만난다는 말로 매우 좋은 기회를 말해요. 중국의 원굉이 현명한 임금과 유능한 신하가 만나는 일은 천 년에 한 번 있을 만큼 좋은 만남이라 비유한 데서 나온 말이에요. 재(載)는 보통 연재, 탑재처럼 싣는다는 말로 많이 쓰이는데, 여기에서는 해, 년이라는 뜻으로 사용되었어요.

**고사성어의 뜻을 생각하며 따라 써 보세요.**

| 천 | 재 | 일 | 우 | 千 | 載 | 一 | 遇 |
|---|---|---|---|---|---|---|---|
|  |  |  |  |  |  |  |  |

천 년에 한 번 만나는 좋은 기회.

**만날 우(遇)가 들어가는 어휘와 고사성어를 따라 써 보세요.**

| | | ② 조 |
|---|---|---|
| ① 천 | 재 | 일 | 우 |

▶ 가 로
① 천재일우: 천 년에 한 번 만나는 좋은 기회.

▼ 세 로
② 조우: 우연히 서로 만남.

**위의 퍼즐을 참고하여 빈칸에 어울리는 어휘와 고사성어를 써 넣으세요.**

예문 1 모든 것이 준비된 것처럼 완벽한 이런 ◻◻◻◻ 의 기회를 놓쳐
서는 안 돼.

예문 2 옛 친구를 그곳에서 ◻◻ 하다니, 놀랍고 반가웠다.

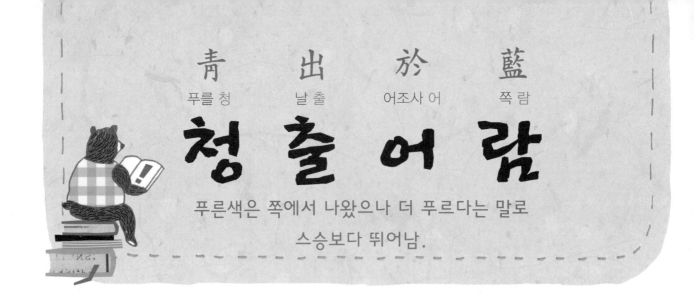

青 出 於 藍
푸를 청　　날 출　　어조사 어　　쪽 람

# 청출어람

푸른색은 쪽에서 나왔으나 더 푸르다는 말로

스승보다 뛰어남.

 **한자의 뜻과 음을 생각하며 따라 써 보세요.**

| 青 푸를 청 | 一 二 丰 丰 青 青 青 |
| --- | --- |
| | 青 |

| 出 날 출 | 丨 屮 屮 出 出 |
| --- | --- |
| | 出 |

| 於 어조사 어 | 亠 亍 方 方 於 於 於 |
| --- | --- |
| | 於 |

| 藍 쪽 람 | 一 十 卉 芢 芢 芢 芢 芢 菡 菡 藍 藍 藍 藍 藍 藍 |
| --- | --- |
| | 藍 |

{ 푸른색이 쪽에서 나왔으나 더 푸르다는 말로 제자가 스승보다 더 나은 경우에 쓰는 말입니다. 순자에 나오는 말로 '푸른색은 쪽에서 나왔으나 더 푸르고 얼음은 물에서 시작되었으나 더 차다'라 하여 배움을 계속하다 보면 스승보다 더 뛰어날 수 있다고 하였어요. }

**고사성어의 뜻을 생각하며 따라 써 보세요.**

| 청 | 출 | 어 | 람 | 青 | 出 | 於 | 藍 |
|---|---|---|---|---|---|---|---|
|  |  |  |  |  |  |  |  |

푸른색은 쪽에서 나왔으나 더 푸르다는 말로 스승보다 뛰어남.

**푸를 청(青)과 어조사 어(於)가 들어가는 어휘와 고사성어를 따라 써 보세요.**

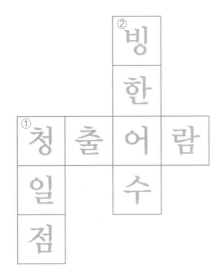

> **가로**
> ①청출어람: 푸른색은 쪽에서 나왔으나 더 푸르다는 말로 스승보다 뛰어남.

> **세로**
> ①청일점: 많은 여자 사이에 있는 남자 한 명을 비유적으로 이르는 말.
> ②빙한어수: 청출어람과 같은 말로 얼음은 물에서 나왔으나 물보다 더 차다는 뜻.

**위의 퍼즐을 참고하여 빈칸에 어울리는 어휘와 고사성어를 써 넣으세요.**

**예문 1** [ ][ ][ ][ ] 이라더니 가르쳐 준 것보다 훨씬 좋은 글을 써 왔구나.

이제 내가 도리어 너에게 배워야겠다. [ ][ ][ ][ ] 가 여기 있었네.

**예문 2** 무용 학원에 가보니 다른 남자 아이가 없어 태훈이가 [ ][ ][ ] 이었다.

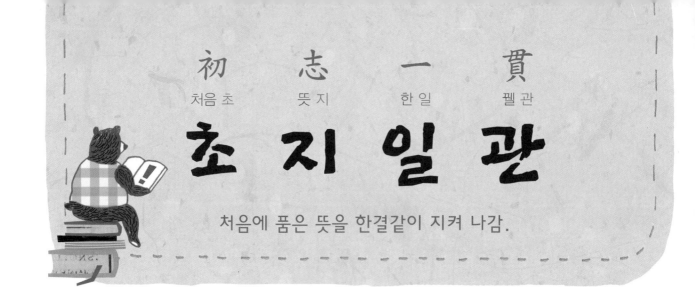

# 初 志 一 貫

처음 초 뜻 지 한 일 꿸 관

# 초지일관

처음에 품은 뜻을 한결같이 지켜 나감.

## 한자의 뜻과 음을 생각하며 따라 써 보세요.

初 처음 초

丶 ㇇ 礻 衤 衤 衤 初

志 뜻 지

一 十 士 士 志 志 志

一 한 일

一

貫 꿸 관

ㄴ 口 罒 毌 毌 毌 毌 貫 貫 貫 貫

초지일관은 처음에 품은 뜻을 한결같이 지켜 나간다는 말로 자신이 가진 뜻을 이루기 위해 끝까지 밀고 나가는 경우에 쓰는 말이에요. 비슷한 말로 시종일관(始終一貫)이 있어요.

**고사성어의 뜻을 생각하며 따라 써 보세요.**

| 초 | 지 | 일 | 관 | 初 | 志 | 一 | 貫 |
|---|---|---|---|---|---|---|---|
|   |   |   |   |   |   |   |   |

처음에 품은 뜻을 한결같이 지켜 나감.

**처음 초(初)와 뜻 지(志), 꿸 관(貫)이 들어가는 어휘와 고사성어를 따라 써 보세요.**

▶ 가 로
① 초지일관: 처음에 품은 뜻을 한결같이 지켜 나
감.

▼ 세 로
② 최초: 맨 처음.
③ 지망생: 어떤 일에 뜻이 있어 배우려 하는 사람.
④ 관통: 꿰뚫어 통함.

**위의 퍼즐을 참고하여 빈칸에 어울리는 어휘와 고사성어를 써 넣으세요.**

예문1 관우는 적진에서 날아 오는 화살에 어깨가 ☐☐ 되었는데도 표정 하나 바뀌지 않았다.

예문2 가수 ☐☐☐ 인 소진은 매일 노래 연습을 하는 것을 잊지 않았다.

예문3 고려는 세계 ☐☐ 로 금속 활자를 발명하였는데, 이것은 서양의 구텐베르크보다 200년이나 앞선 것이었다.

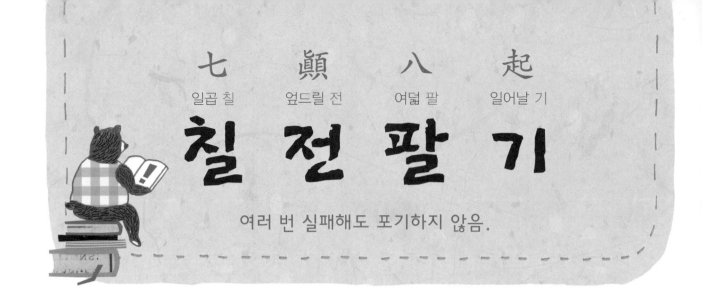

七 顛 八 起
일곱 칠　　엎드릴 전　　여덟 팔　　일어날 기

# 칠 전 팔 기

여러 번 실패해도 포기하지 않음.

 **한자의 뜻과 음을 생각하며 따라 써 보세요.**

| 七 일곱 칠 | 一 七 |
| :---: | :--- |
| | 七 |

| 顛 엎드릴 전 | 一 「 ⺊ 占 旨 旨 旨 旨 眞 眞 眞 眞 顚 顚 顚 顚 顚 顛 顛 顛 |
| :---: | :--- |
| | 顛 |

| 八 여덟 팔 | ノ 八 |
| :---: | :--- |
| | 八 |

| 起 일어날 기 | 一 二 丰 丰 丰 走 起 起 起 起 |
| :---: | :--- |
| | 起 |

일곱 번 넘어져도 여덟 번 일어난다는 뜻으로 실패를 계속해도 굴하지 않고 일어나는 것을 칠전팔기라고 해요. 실패하면 기가 죽어 더 도전할 용기가 나지 않기 마련인데 일곱 번이나 넘어져도 여덟 번째 다시 시도한다니 끈기가 정말 대단하지요?

**고사성어의 뜻을 생각하며 따라 써 보세요.**

| 칠 | 전 | 팔 | 기 | 七 | 顚 | 八 | 起 |
|---|---|---|---|---|---|---|---|
|   |   |   |   |   |   |   |   |

여러 번 실패해도 포기하지 않음.

**엎드릴 전(顚)과 일어날 기(起)가 들어가는 어휘와 고사성어를 따라 써 보세요.**

| ①칠 | ②전 | 팔 | ③기 |
|---|---|---|---|
|   | 복 |   | 상 |

▶ 가 로
① 칠전팔기: 여러 번 실패해도 포기하지 않음.

🔽 세 로
② 전복: 차나 배, 체제 등이 뒤집힘.
③ 기상: 잠을 깨어 자리에서 일어남.

**위의 퍼즐을 참고하여 빈칸에 어울리는 어휘와 고사성어를 써 넣으세요.**

예문 1  열차가 선로를 벗어나 ☐☐ 되는 사고가 났다는 소식에 모두 긴장했다.

예문 2  생활 계획표에는 방학 동안 7시 ☐☐ 이라고 적어 놓았지만 지키지 못했어.

예문 3  에디슨은 전구를 발명할 때까지 수없이 실패했지만 ☐☐☐☐ 의 정신
으로 끝까지 노력했다.

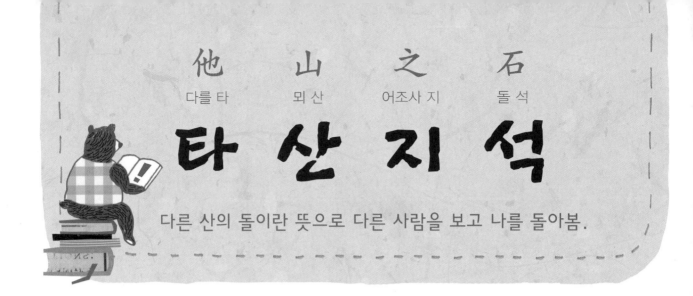

他 山 之 石
다를 타    뫼 산    어조사 지    돌 석

# 타 산 지 석

다른 산의 돌이란 뜻으로 다른 사람을 보고 나를 돌아봄.

 **한자의 뜻과 음을 생각하며 따라 써 보세요.**

| 他 다를 타 | ノ イ 仆 仲 他 |
| | 他 |

| 山 뫼 산 | 丨 山 山 |
| | 山 |

| 之 어조사 지 | ` 亠 ウ 之 |
| | 之 |

| 石 돌 석 | 一  プ ナ 石 石 |
| | 石 |

타산지석은 다른 산의 돌이라는 뜻이에요. 남의 산의 거친 돌이라도 숫돌로 자신의 옥을 갈 수 있다는 말로 다른 사람의 나쁜 행동이나 말도 자신을 가다듬는 데 쓸 수 있다는 의미지요. 비슷한 고사성어로 반면교사(反面教師)가 있어요.

**고사성어의 뜻을 생각하며 따라 써 보세요.**

| 타 | 산 | 지 | 석 | 他 | 山 | 之 | 石 |
|---|---|---|---|---|---|---|---|
|   |   |   |   |   |   |   |   |

다른 산의 돌이란 뜻으로 다른 사람을 보고 나를 돌아봄.

**다를 타(他)와 돌 석(石)이 들어가는 어휘와 고사성어를 따라 써 보세요.**

❯ 가 로
① 타산지석: 다른 산의 돌이란 뜻으로 다른 사람을 보고 나를 돌아봄.

❯ 세 로
① 타인: 자기가 아닌 남. 다른 사람.
② 석기시대: 돌로 도구를 만들어 쓰던 선사 시대.

**위의 퍼즐을 참고하여 빈칸에 어울리는 어휘와 고사성어를 써 넣으세요.**

예문 1  [  ][  ] 의 입장에서 생각해 보는 것을 역지사지라고 한다.

예문 2  원칙을 지키지 않아 사고가 난 이웃나라를 [  ][  ][  ][  ] 삼아 우리의 원칙을 다시 점검해 보아야 할 것이다.

예문 3  돌을 떼어 만드는 뗀석기를 쓰던 때와 갈아 만든 간석기를 쓰던 때를 아울러 [  ][  ][  ][  ] 라고 한다.

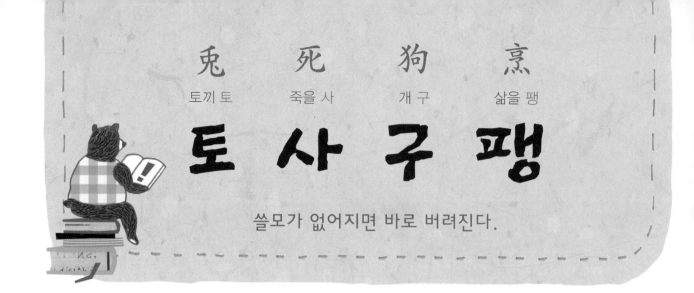

兎 死 狗 烹
토끼 토    죽을 사    개 구    삶을 팽

# 토 사 구 팽

쓸모가 없어지면 바로 버려진다.

 **한자의 뜻과 음을 생각하며 따라 써 보세요.**

| 兎<br>토끼 토 | 一 ア 戸 戸 両 尹 兎 兎 |
| :---: | :--- |
| | 兎 |

| 死<br>죽을 사 | 一 厂 歹 歹 死 死 |
| :---: | :--- |
| | 死 |

| 狗<br>개 구 | ノ 犭 犭 犭 犳 狗 狗 狗 |
| :---: | :--- |
| | 狗 |

| 烹<br>삶을 팽 | 一 亠 古 古 亨 亨 亨 亨 烹 烹 |
| :---: | :--- |
| | 烹 |

토끼를 잡고 나면 토끼를 사냥한 사냥개가 쓸모가 없어져 삶아진다는 뜻으로 필요할 때는 요긴하게 쓰다가 쓸모가 없어지면 가혹하게 버리는 경우를 말해요.

**고사성어의 뜻을 생각하며 따라 써 보세요.**

| 토 | 사 | 구 | 팽 | 兎 | 死 | 狗 | 烹 |
|---|---|---|---|---|---|---|---|
|   |   |   |   |   |   |   |   |

쓸모가 없어지면 바로 버려진다.

**토끼 토(兎)와 개 구(狗)가 들어가는 어휘와 고사성어를 따라 써 보세요.**

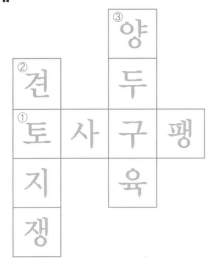

❯ 가 로
① 토사구팽: 쓸모가 없어지면 바로 버려진다.

❯ 세 로
② 견토지쟁: 개와 토끼의 싸움이라는 뜻으로 둘의 싸움에 제3자가 손쉽게 이득을 얻는 것.
③ 양두구육: 양머리를 걸어 놓고 개고기를 판다는 뜻으로 겉으로는 훌륭해 보이나 속으로는 그렇지 못한 것을 말함.

**위의 퍼즐을 참고하여 빈칸에 어울리는 어휘와 고사성어를 써 넣으세요.**

예문1 어부지리와 비슷한 말로 개와 토끼가 싸운다는 뜻의 ☐☐☐☐ 이 있다.

예문2 높은 사람들이 겉으로는 정직해야 한다고 말하면서 정작 비리는 다 저지르고 있다니

☐☐☐☐ 이 따로 없다.

예문3 나라를 세울 때는 공신으로 대접하다가 이제와서 찬밥 취급이라니,

☐☐☐☐ 당한 것이구나.

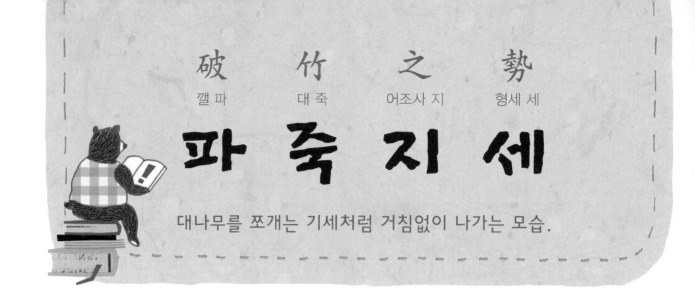

破 竹 之 勢
깰 파　　대 죽　　어조사 지　　형세 세

# 파 죽 지 세

대나무를 쪼개는 기세처럼 거침없이 나가는 모습.

 **한자의 뜻과 음을 생각하며 따라 써 보세요.**

| 破 깰 파 | 一 丆 丆 石 石 矿 矿 矿 破 破 | 破 | | | | | |

| 竹 대 죽 | 丿 丿 丿 ㅏ ㅑ ㅑ 竹 | 竹 | | | | | |

| 之 어조사 지 | 丶 亠 六 之 | 之 | | | | | |

| 勢 형세 세 | 一 十 土 圥 坴 坴 坴 坴 埶 埶 埶 勢 勢 | 勢 | | | | | |

파죽지세는 대나무를 쪼개는 기세라는 뜻으로 세력이 강해서 거침없이 치고 나가는 모습을 말해요. 대나무는 세로로 결이 나 있는 나무라서 위의 한두 마디만 칼을 대어 쪼개도 쉽게 쫙 갈라지지요. 그렇게 거침없이 나아가는 모양을 이르는 말이에요.

**고사성어의 뜻을 생각하며 따라 써 보세요.**

| 파 | 죽 | 지 | 세 | 破 | 竹 | 之 | 勢 |
|---|---|---|---|---|---|---|---|
|  |  |  |  |  |  |  |  |

대나무를 쪼개는 기세처럼 거침없이 나가는 모습.

**깰 파(破)와 형세 세(勢)가 들어가는 어휘와 고사성어를 따라 써 보세요.**

**가로**
① 파죽지세: 대나무를 쪼개는 기세처럼 거침없이 나가는 모습.

**세로**
① 파괴: 깨뜨려서 헐어 버림.
② 우세: 상대편보다 힘이나 세력이 강함.

**위의 퍼즐을 참고하여 빈칸에 어울리는 어휘와 고사성어를 써 넣으세요.**

예문1 아르키메데스, 이 왕관에 금 말고도 은이 섞여 있다고 하는데, 왕관을

☐☐ 하지 않고 알아내 줄 수 있겠소?

예문2 삼국지의 명장 조운은 적진을 ☐☐☐☐ 로 뚫고 나갔다.

예문3 월드컵에서 역대 전적을 비교해 보면 상대 편이 조금 더 ☐☐ 하지만, 경기를 해 보기 전에는 알 수 없는 것이다.

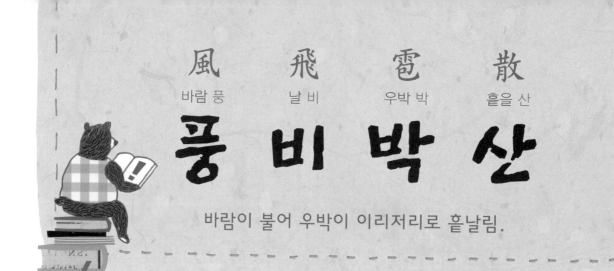

風　飛　雹　散
바람 풍　날 비　우박 박　흩을 산

# 풍비박산

바람이 불어 우박이 이리저리로 흩날림.

 **한자의 뜻과 음을 생각하며 따라 써 보세요.**

| 風 | ノ　几　凡　凡　凧　凮　風　風　風 |
| :---: | :--- |
| 바람 풍 | 風 |

| 飛 | ㇟　㇟　㇟　飞　飞　飛　飛　飛　飛 |
| :---: | :--- |
| 날 비 | 飛 |

| 雹 | 一　厂　戶　雨　雨　雨　雨　雨　雹　雹　雹　雹　雹 |
| :---: | :--- |
| 우박 박 | 雹 |

| 散 | 一　十　艹　卄　芫　昔　昔　昔　昔　背　散　散 |
| :---: | :--- |
| 흩을 산 | 散 |

바람이 불어 우박이 이리저리로 흩날린다는 뜻으로 엉망으로 깨어져 흩어져 버린 상태를 말해요. 풍지박산이나 풍비박살로 잘못 말하는 경우가 있는데 '풍비박산'이 옳은 표현입니다.

**고사성어의 뜻을 생각하며 따라 써 보세요.**

| 풍 | 비 | 박 | 산 | 風 | 飛 | 雹 | 散 |
|---|---|---|---|---|---|---|---|
|   |   |   |   |   |   |   |   |

바람이 불어 우박이 이리저리로 흩날림.

**바람 풍(風)과 흩을 산(散)이 들어가는 어휘와 고사성어를 따라 써 보세요.**

```
          ③이
            합
       ②돌  집
       ①풍 비 박 산
```

**가로**
①풍비박산: **바람이 불어 우박이 이리저리로 흩날림.**

**세로**
②돌풍: **갑자기 세게 부는 바람. 사회적으로 많은 관심과 영향을 받는 것.**
③이합집산: 헤어졌다 모였다가 하는 일.

**위의 퍼즐을 참고하여 빈칸에 어울리는 어휘와 고사성어를 써 넣으세요.**

예문1 그 가수의 노래는 발표되자마자 전 세계적으로 ☐☐ 을 불러왔다.

예문2 선거 때만 되면 정당들이 이익을 따라 이리저리 ☐☐☐☐ 하는 모습을 볼 수 있다.

예문3 사업이 실패하고 연이은 사고로 ☐☐☐☐ 난 집안을 수습하는 것이 급선무였다.

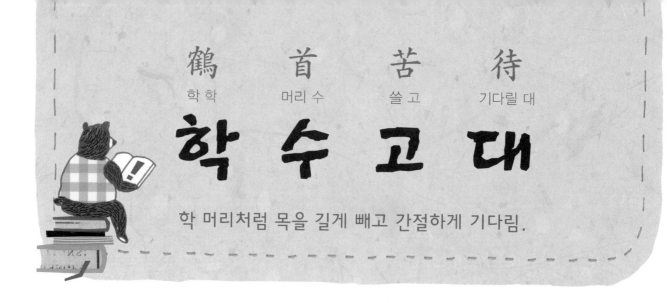

 **한자의 뜻과 음을 생각하며 따라 써 보세요.**

| 鶴 <br> 학 학 | `丶 ′ ′ ′ ′ ′ ′ ′ ′ ′ ′ ′ 雀 雀 雀 雀 雀 雀 鷥 鷥 鷥 鷥 鶴 鶴 鶴 鶴 鶴` <br> 鶴 |
| :---: | :--- |

| 首 <br> 머리 수 | `丶 ′′ ′′ ′′ ′′ 产 首 首 首` <br> 首 |
| :---: | :--- |

| 苦 <br> 쓸 고 | `一 十 十 艹 艹 芏 芏 苦 苦` <br> 苦 |
| :---: | :--- |

| 待 <br> 기다릴 대 | `′ ′ ′ 彳 彳 行 徉 待 待 待` <br> 待 |
| :---: | :--- |

학 머리처럼 목이 길어져서 기다린다는 뜻으로 매우 간절하게 기다리는 모습을 이르는 말이에요. 간절히 기다릴 때는 오매불망(寤寐不忘)을 쓸 수도 있어요.

192

**고사성어의 뜻을 생각하며 따라 써 보세요.**

| 학 | 수 | 고 | 대 | 鶴 | 首 | 苦 | 待 |
|---|---|---|---|---|---|---|---|
|  |  |  |  |  |  |  |  |

학 머리처럼 목을 길게 빼고 간절하게 기다림.

**머리 수(首)와 기다릴 대(待)가 들어가는 어휘와 고사성어를 따라 써 보세요.**

| ①학 | ②수 | 고 | ③대 |
|---|---|---|---|
|  | 미 |  | 기 |
|  | 일 |  | 실 |
|  | 관 |  |  |

▶ 가 로
① 학수고대: 학 머리처럼 목을 길게 빼고 간절하게 기다림.

▼ 세 로
② 수미일관: 처음부터 끝까지 변함없이 일을 해 나감.
② 대기실: 기다리도록 마련한 방.

**위의 퍼즐을 참고하여 빈칸에 어울리는 어휘와 고사성어를 써 넣으세요.**

예문 1 환자의 보호자들은 병원의 [　　　] 에서 기다려 주세요.

예문 2 케플러는 평생에 걸쳐 행성과 항성의 법칙을 [　　　　] 연구한 끝에 위대한 법칙을 찾아 냈다.

예문 3 하얀색 깃발을 나부끼며 승리의 소식이 도착할 것을 [　　　　] 기다렸지만, 눈에 들어온 것은 피에 물든 붉은색 깃발이었어요.

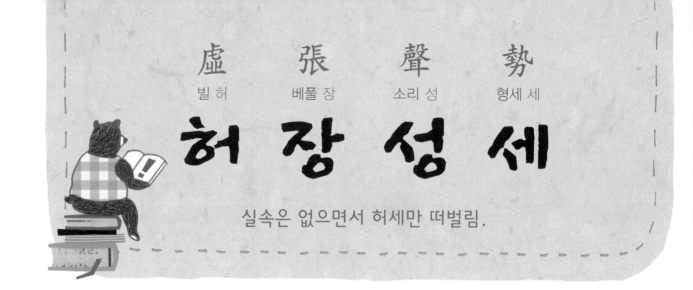

# 허 장 성 세

실속은 없으면서 허세만 떠벌림.

 **한자의 뜻과 음을 생각하며 따라 써 보세요.**

| 虛<br>빌 허 | `丨 丨 午 广 广 声 虍 虘 虚 虚 虚`<br>虛 | | | | | |

| 張<br>베풀 장 | `フ 了 弓 弓 引 弘 弝 張 張 張 張`<br>張 | | | | | |

| 聲<br>소리 성 | `一 十 士 声 吉 吉 声 声 声 殸 殸 殸 殸 聲 聲 聲`<br>聲 | | | | | |

| 勢<br>형세 세 | `一 十 士 声 朱 坴 幸 坴 圶 埶 埶 勢 勢`<br>勢 | | | | | |

실속은 없으면서 허세만 떠벌린다는 말로 실력은 없이 큰소리치며 허세를 부리는 경우를 허장성세라고 해요.

**고사성어의 뜻을 생각하며 따라 써 보세요.**

| 허 | 장 | 성 | 세 | 虛 | 張 | 聲 | 勢 |
|---|---|---|---|---|---|---|---|
|  |  |  |  |  |  |  |  |

실속은 없으면서 허세만 떠벌림.

**빌 허(虛)와 소리 성(聲)이 들어가는 어휘와 고사성어를 따라 써 보세요.**

▶ **가 로**
① 허장성세: 실속은 없으면서 허세만 떠벌림.

▼ **세 로**
① 허구: 사실에 없는 일을 얽어서 꾸밈.
② 함성: 여러 사람이 함께 외치거나 지르는 소리.

**위의 퍼즐을 참고하여 빈칸에 어울리는 어휘와 고사성어를 써 넣으세요.**

예문1 소설은 [　][　]를 바탕으로 있음직한 이야기를 쓴 것이다.

예문2 옛날의 재산과 명성을 내세워 [　][　][　][　]를 부렸지만, 김 영감에게는 엽전 한 잎이 아쉬운 상황이었다.

예문3 그 선수가 공을 몰고 가 그림 같은 골을 성공시키자 [　][　]이 터져 나왔다.

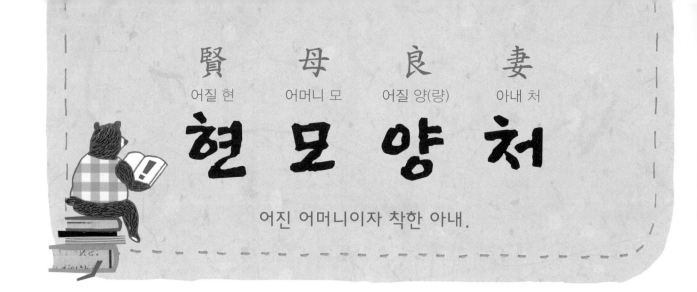

賢　母　良　妻
어질 현　　어머니 모　　어질 양(량)　　아내 처

# 현 모 양 처

어진 어머니이자 착한 아내.

 **한자의 뜻과 음을 생각하며 따라 써 보세요.**

| 賢<br>어질 현 | 一 一 一 一 臣 臣 臤 臤 臤 臤 臤 賢 賢 賢 賢 賢<br>賢 |
| --- | --- |

| 母<br>어머니 모 | ㄴ 口 口 口 母 母<br>母 |
| --- | --- |

| 良<br>어질 양(량) | ' 宀 宀 彐 彐 白 白 良<br>良 |
| --- | --- |

| 妻<br>아내 처 | 一 一 一 彐 妻 妻 妻 妻<br>妻 |
| --- | --- |

현모양처는 어진 어머니이자 착한 아내라는 뜻이에요. 자식을 바르게 키우고 남편에게 잘 대해 주는 여성상을 말하지요. 오만 원 권 지폐에 그려져 있는 신사임당은 율곡 이이의 어머니로 현모양처라고 하면 가장 먼저 떠올리는 인물이지요.

**고사성어의 뜻을 생각하며 따라 써 보세요.**

어진 어머니이자 착한 아내.

**어질 현(賢)과 어질 양(良)이 들어가는 어휘와 고사성어를 따라 써 보세요.**

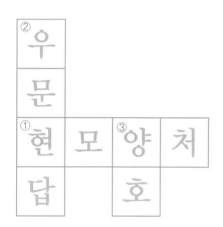

▶가로
① 현모양처: 어진 어머니이자 착한 아내.

▼세로
② 우문현답: 어리석은 질문에 현명한 대답.
③ 양호: 성적이나 품질 등 질이 좋음.

**위의 퍼즐을 참고하여 빈칸에 어울리는 어휘와 고사성어를 써 넣으세요.**

예문1 제품은 출고 전 검사에서 [　　] 하다는 판정을 받았습니다.

예문2 상황을 잘 알지 못하고 던진 질문이라 동문서답이 될 수도 있었는데, 의도를

잘 알고 [　　　　] 을 해 주신 선생님께 감사드립니다.

예문3 신사임당은 [　　　　] 의 대명사인 인물이다.

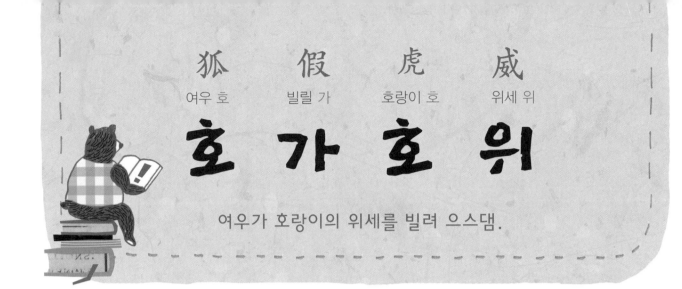

狐　假　虎　威
여우 호　빌릴 가　호랑이 호　위세 위

# 호 가 호 위

여우가 호랑이의 위세를 빌려 으스댐.

 **한자의 뜻과 음을 생각하며 따라 써 보세요.**

| 狐 여우 호 | ノ オ オ オ 犭 狐 狐 狐 |
| 假 빌릴 가 | ノ イ 亻 俨 俨 俨 作 作 假 假 |
| 虎 호랑이 호 | ノ ト 片 广 卢 虍 虎 虎 |
| 威 위세 위 | ノ 厂 厂 厂 厷 厔 厔 威 威 威 |

여우가 호랑이의 위세를 빌려 으스댄다는 뜻이에요. 여우의 뒤에 있는 호랑이가 무서워 동
물들이 도망가는데 마치 여우가 무서워 그런 것처럼 여우가 위세를 부리는 것을 호가호위
라고 해요. 앞의 호는 여우를 뜻하는 여우 호(狐), 뒤의 호는 호랑이를 뜻하는 호랑이 호
(虎)라는 것에 유의해야 해요.

198

**고사성어의 뜻을 생각하며 따라 써 보세요.**

| 호 | 가 | 호 | 위 | 狐 | 假 | 虎 | 威 |
|---|---|---|---|---|---|---|---|
|  |  |  |  |  |  |  |  |

여우가 호랑이의 위세를 빌려 으스댐.

**빌릴 가(假)와 위세 위(威)가 들어가는 어휘와 고사성어를 따라 써 보세요.**

**가 로**
① 호가호위: 여우가 호랑이의 위세를 빌려 으스댐.

**세 로**
② 가명: 거짓 이름이나 임시로 일컫는 이름.
③ 위풍당당: 모습이 위엄 있고 당당함.

**위의 퍼즐을 참고하여 빈칸에 어울리는 어휘와 고사성어를 써 넣으세요.**

예문 1 유명 작가 로맹 가리는 에밀 아자르라는 [  ][  ] 으로 소설 '자기 앞의 생'을 발표해서 같은 사람에게 두 번 수여되지 않는 공쿠르 상을 두 번 받은 유일한 작가가 되었다.

예문 2 선거를 앞두면 유명한 사람과 알고 지낸다는 것을 내세우며 [  ][  ][  ][  ] 하는 사람들이 생겨 난다.

예문 3 국가 대표 대항전에서 승리하고 [  ][  ][  ][  ] 한 모습으로 귀국하는 선수들의 모습이 나오고 있다.

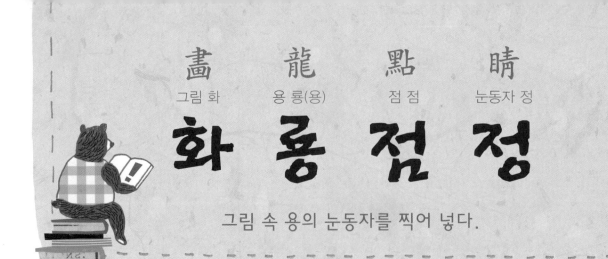

畫　　龍　　點　　睛
그림 화　　용 룡(용)　　점 점　　눈동자 정

# 화 룡 점 정

그림 속 용의 눈동자를 찍어 넣다.

 **한자의 뜻과 음을 생각하며 따라 써 보세요.**

| 畫<br>그림 화 | ㄱ ㄱ ㄱ ㄹ ㄹ 聿 聿 書 書 畫 畫 畫 畫<br>畫 | | | | | |

| 龍<br>용 룡(용) | ㅗ ㅗ ㅗ 立 立 产 咅 育 育 育 靑 竜 龍 龍 龍 龍<br>龍 | | | | | |

| 點<br>점 점 | ㅣ ㅁ ㅁ ㅁ ㅁ 里 里 黑 黑 黑 黑 黑 點 點<br>點 | | | | | |

| 睛<br>눈동자 정 | ㅣ ㅣ ㅣ ㅣ ㅣ ㅣ ㅣ 睛 睛 睛 睛 睛 睛<br>睛 | | | | | |

그림 속 용의 눈동자를 찍어 넣는다는 뜻으로 일의 가장 중요한 부분을 완성하는 것을 말해요. 옛날 그림을 무척 잘 그리는 사람이 진짜 같은 용을 그렸는데, 마지막에 용의 눈동자를 찍어 넣자 용이 하늘로 올라갔다는 일화에서 유래한 말이에요.

**고사성어의 뜻을 생각하며 따라 써 보세요.**

| 화 | 룡 | 점 | 정 | 畵 | 龍 | 點 | 睛 |
|---|---|---|---|---|---|---|---|
|  |  |  |  |  |  |  |  |

그림 속 용의 눈동자를 찍어 넣다.

**그림 화(畵)와 점 점(點)이 들어가는 어휘와 고사성어를 따라 써 보세요.**

>**가 로**
①화룡점정: 그림 속 용의 눈동자를 찍어 넣다.

>**세 로**
①화백: 그림을 그리는 화가를 높여 부르는 말.
②점묘법: 작은 색깔의 점을 찍어서 그림을 그리는 방법.

**위의 퍼즐을 참고하여 빈칸에 어울리는 어휘와 고사성어를 써 넣으세요.**

**예문 1** 만 원권의 세종대왕 그림을 그린 사람은 운보 김기창 ☐☐ 이다.

**예문 2** 좋은 곡과 가사로 유명한 뮤지컬에 딱 어울리는 배우의 목소리가 더해지니

☐☐☐☐ 이라 할 만 하다.

**예문 3** 신 인상파 화가들은 ☐☐☐ 을 이용해서 순간적으로 나타났다 사라

지는 빛의 모습을 표현했다.

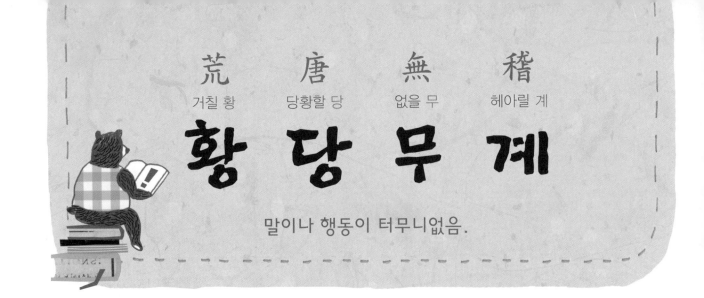

荒　唐　無　稽
거칠 황　　당황할 당　　없을 무　　헤아릴 계

# 황당무계

말이나 행동이 터무니없음.

 **한자의 뜻과 음을 생각하며 따라 써 보세요.**

| 荒 거칠 황 | 一 十 十 艹 艹 芒 芒 芒 荒 荒 |
|---|---|
| | 荒 |

| 唐 당황할 당 | 丶 亠 广 广 户 户 户 庚 唐 唐 |
|---|---|
| | 唐 |

| 無 없을 무 | 丿 匸 仁 午 午 無 無 無 無 無 無 無 |
|---|---|
| | 無 |

| 稽 헤아릴 계 | 一 二 千 千 禾 禾 禾 秆 秆 秸 秸 秸 稽 稽 稽 |
|---|---|
| | 稽 |

허황되고 근거가 없다는 뜻으로, 말과 행동이 터무니없고 믿을 수 없음을 뜻하는 고사성어입니다. 《장자》에서 유래하였으며 '거짓 탄(誕)'을 사용하여 '황탄무계'라고도 합니다. 근거가 없다는 뜻의 '무근하다'도 함께 쓰이지요.

202

**고사성어의 뜻을 생각하며 따라 써 보세요.**

| 황 | 당 | 무 | 계 | 荒 | 唐 | 無 | 稽 |
|---|---|---|---|---|---|---|---|
|   |   |   |   |   |   |   |   |

말이나 행동이 터무니없음.

**없을 무(無)가 공통으로 들어가는 황당무계와 비슷한 뜻의 한자성어를 따라 써 보세요.**

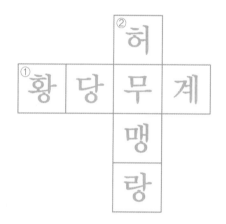

▶가 로
① 황당무계: 말이나 행동이 터무니없음.

▼세 로
② 허무맹랑: 터무니없이 허황되고 실속이 없음.

**위의 퍼즐을 참고하여 빈칸에 어울리는 어휘와 고사성어를 써 넣으세요.**

예문1 말과 행동이 □□□□ 한 사람을 낮잡아 놀릴 때 '채동지'라는 말
을 쓰곤 해.

예문2 《장자》에서 유래한 □□□□ 는 말과 행동이 허황돼 터무니없을
때 사용하는 고사성어야. '황탄무계'라고도 해.

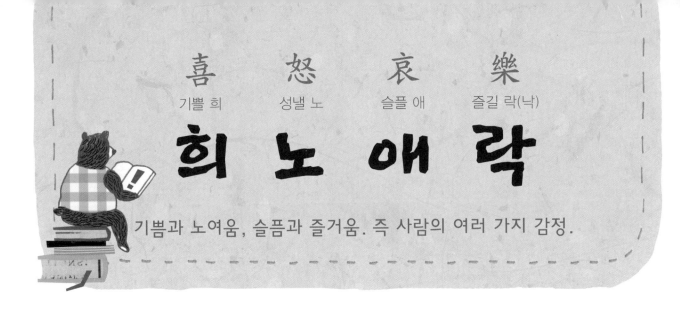

喜　　怒　　哀　　樂
기쁠 희　성낼 노　슬플 애　즐길 락(낙)

# 희 노 애 락

기쁨과 노여움, 슬픔과 즐거움. 즉 사람의 여러 가지 감정.

 **한자의 뜻과 음을 생각하며 따라 써 보세요.**

| 喜 기쁠 희 | 一 十 吉 吉 吉 吉 吉 喜 壴 壴 喜 喜 |
|---|---|
|  | 喜 |

| 怒 성낼 노 | 乀 乂 女 奴 奴 奴 怒 怒 怒 |
|---|---|
|  | 怒 |

| 哀 슬플 애 | 一 亠 亠 亡 亡 宁 宁 宁 哀 |
|---|---|
|  | 哀 |

| 樂 즐길 락(낙) | ′ 幺 冇 角 自 白 帛 绰 绰 樂 樂 樂 樂 樂 |
|---|---|
|  | 樂 |

기쁨과 노여움, 슬픔과 즐거움이라는 뜻으로 사람의 여러 가지 감정을 이르는 말로 쓰여요. 사랑, 미움, 욕심을 뜻하는 愛, 惡, 慾을 더해 희·노·애·락·애·오·욕의 일곱 글자로 말하기도 해요.

**고사성어의 뜻을 생각하며 따라 써 보세요.**

| 희 | 노 | 애 | 락 | 喜 | 怒 | 哀 | 樂 |
|---|---|---|---|---|---|---|---|
|   |   |   |   |   |   |   |   |

기쁨과 노여움, 슬픔과 즐거움. 즉 사람의 여러 가지 감정.

 **기쁠 희(喜)와 슬플 애(哀)가 들어가는 어휘와 고사성어를 따라 써 보세요.**

| ①희 | 노 | ②애 | 락 |
|---|---|---|---|
| 희 |   | 이 |   |
| 낙 |   | 불 |   |
| 락 |   | 비 |   |

▶가로
①희노애락: 기쁨과 노여움, 슬픔과 즐거움. 즉 사람의 여러 가지 감정.

▼세로
①희희낙락: 매우 기쁘고 즐거워 함.
②애이불비: 슬프지만 비통해 하지는 않는다. 슬픔을 겉으로 드러내지 않는다.

**위의 퍼즐을 참고하여 빈칸에 어울리는 어휘와 고사성어를 써 넣으세요.**

**예문1** 다 함께 산으로 놀러 가 ⬜⬜⬜⬜ 하며 즐거운 시간을 보냈다.

**예문2** 갑작스러운 사고에 슬픔이 몰려왔으나 더 슬퍼하는 사람들을 위해 슬픔을 조금 감추고 ⬜⬜⬜⬜ 하기로 했다.

**예문3** 한 편의 소설에 사람의 ⬜⬜⬜⬜ 이 모두 담겨 있었다.

# 고사성어 따라 쓰기 정답

# 고사성어 따라 쓰기 정답

# 고사성어 따라 쓰기 정답